78,66

BITCOIN E BLOCKCHAIN

GUIA PRÁTICO PARA
PERCEBER, GERAR E INVESTIR
EM CRIPTOMOEDAS

PAULO ALCARVA
BITCOIN E BLOCKCHAIN

GUIA PRÁTICO PARA
PERCEBER, GERAR E INVESTIR
EM CRIPTOMOEDAS

TÍTULO
Bitcoin e Blockchain. Guia prático para perceber, gerar e investir em criptomoedas

© Paulo Alcarva e Conjuntura Actual Editora, 2021

AUTOR
Paulo Alcarva

Direitos reservados para todos os países de língua portuguesa por

CONJUNTURA ACTUAL EDITORA, uma chancela de Edições Almedina
Sede: Rua Fernandes Tomás, 76-80, 3000-167 Coimbra
Delegação: LEAP CENTER – Espaço Amoreiras
Rua D. João V, n.º 24, 1.03 – 1250-091 Lisboa – Portugal
e-mail: editoras@grupoalmedina.net

REVISÃO
Mariana Cunha

CAPA
Paper Talk

IMAGEM DE CAPA
© RamCreativ / Getty Images

PAGINAÇÃO
Aresta Criativa – Artes Gráficas

IMPRESSÃO E ACABAMENTO
????????
julho 2021

DEPÓSITO LEGAL
????????

Toda a reprodução desta obra, por fotocópia ou qualquer outro processo, sem prévia autorização escrita do Editor, é ilícita e passível de procedimento judicial contra o infrator.

BIBLIOTECA NACIONAL DE PORTUGAL – CATALOGAÇÃO NA PUBLICAÇÃO

ALCARVA, Paulo

Bitcoin e Blockchain: guia prático para perceber, gerar e investir
em criptomoedas. - (Fora de coleção)
ISBN 978-989-694-300-4

CDU   336

ÍNDICE

Introdução 11

1. Moedas e criptomoedas 19
   1.1. O que é uma moeda? 19
   1.2. O que é uma moeda fiduciária e escritural? 22
   1.3. O que é uma moeda paralela? 23
   1.4. O que é uma criptomoeda? 25
   1.5. A criptomoeda pode ser uma moeda oficial? 33
   1.6. A criptomoeda pode coexistir com as moedas oficiais
      ou é uma ameaça? 38
   1.7. Quem é que faz parte do ecossistema das criptomoedas? 40
   1.8. ICO: o que é e como funciona? 43

2. Bitcoin: a criptomoeda 47
   2.1. O que é a bitcoin? 47
   2.2. Quais são as vantagens da bitcoin? 50
   2.3. Como funciona e é criada a bitcoin? 52
      2.3.1. Mineração 52
      2.3.2. *Halving* 54
      2.3.3. Custos da mineração 56
   2.4. Como se pode comprar e vender bitcoin? 57

2.5. Como se guarda a bitcoin?	60
2.6. Como nasceu e tem evoluído a bitcoin?	62

3. Blockchain	65
3.1. Blockchain, bitcoin e o problema do «duplo gasto»	65
3.2. Como funciona a tecnologia blockchain?	67
3.2.1. Livro-razão público	67
3.2.2. Validação das transações	69
3.2.3. *Hash*: a função criptográfica da blockchain	74
3.2.4. O papel dos «mineiros» e a Prova de trabalho — *Proof-of-Work*	76
3.2.5. Estrutura da blockchain: os *forks*	79
3.3. Quais são as principais vantagens da tecnologia blockchain?	82
3.4. A blockchain é infalível?	87
3.5. A tecnologia blockchain aplica-se além das criptomoedas?	89
3.5.1. Blockchain 1.0	89
3.5.2. Blockchain 2.0: a ethereum	93
3.5.3. *Smart contracts*	95
3.5.4. Contratos oráculo	99
3.5.5. Aplicações práticas de *smart contracts*	100
3.6. Ethereum: uma nova geração da blockchain	107
3.6.1. *Ethereum Virtual Machine* (EVM)	109
3.6.2. Como funciona a ethereum	111
3.6.3. Ethereum 2.0	115
3.7. Aplicações descentralizadas (DApps), DAO e DAC	118

Índice remissivo	121
Referências	125

FIGURAS

Figura n.º 1: Estruturação das moedas digitais ... 27

Figura n.º 2: Cronologia das criptomoedas até à bitcoin ... 29

Figura n.º 3: Quotas de mercado das criptomoedas (Dez 20, em %) ... 31

Figura n.º 4: Taxonomia do dinheiro ... 32

Figura n.º 5: Cadeia de valor da atividade de *mining* ... 42

Figura n.º 6: *Fac-simile* do *abstract* do *paper* fundacional de Satoshi
Nakamoto ... 48

Figura n.º 7: O problema do «duplo gasto» ... 49

Figura n.º 8: Os três *halvings* que já ocorreram na bitcoin ... 55

Figura n.º 9: Exemplos de plataformas de compra e venda de bitcoins
em Portugal ... 58

Figura n.º 10: Exemplos de plataformas que permitem o recebimento
em bitcoins ... 59

Figura n.º 11: Bitcoin — *token* e blockchain ... 66

Figura n.º 12: Blockchain como livro-razão de transferências ... 68

Figura n.º 13: Sequenciação criptográfica dos «blocos» ... 70

Figura n.º 14: Representação de uma encriptação assimétrica ... 71

Figura n.º 15: Transações como cadeia de assinaturas digitais ... 72

Figura n.º 16: Funcionamento completo de uma transação na blockchain ... 72

Figura n.º 17: Função *hash* como servidor de carimbos de tempo ... 74

Figura n.º 18: Exemplo do PoW ... 77

Figura n.º 19: Estrutura completa da blockchain 80

Figura n.º 20: Blockchain *forks* 81

Figura n.º 21: Principais características da blockchain 82

Figura n.º 22: Tipos de redes blockchain 84

Figura n.º 23: Sistema de pagamentos de retalho em Portugal 90

Figura n.º 24: Funcionamento de um *smart contract* 97

Figura n.º 25: Movimentação do B/L no transporte marítimo
internacional 101

Figura n.º 26: Funcionamento de um *smart contract* de direitos
de autor 102

Figura n.º 27: Funcionamento de um *smart contract* na era da IoT 103

Figura n.º 28: Funcionamento de uma apólice de seguro em *smart
contract* 106

Figura n.º 29: Remodelação da rede na ethereum 2.0 116

Figura n.º 30: Fases de transição da ethereum para a ethereum 2.0 117

INTRODUÇÃO

As criptomoedas em geral, e a bitcoin em particular, continuam a gerar muita curiosidade à sua volta, desde o investidor anónimo aos especialistas em política monetária, sendo que as opiniões emitidas são múltiplas e quase sempre contraditórias. Por um lado, os mais otimistas acreditam que as criptomoedas vão alterar profundamente todo o sistema monetário mundial, dos pagamentos centralizados nos bancos comerciais até à imposição como moeda oficial homologada pelos bancos centrais. Trata-se de um movimento disruptivo imparável. No outro extremo, os mais céticos afirmam que a tecnologia que está por detrás das criptomoedas não dá garantias de segurança, pelo que o destino destas está traçado e colapsará inevitavelmente e de forma dramática.

Subjacente a estas visões, divergentes e extremadas, está uma confusão significativa sobre o que são e como funcionam as criptomoedas e a tecnologia blockchain que as sustenta. Deste modo, o presente livro foi escrito para ajudar no esclarecimento dessas incertezas, pondo alguma água na fervura do *hype* à volta deste assunto.

A obra está estruturada em três partes, abordando cada uma delas os principais tópicos que corporizam esta temática: criptomoedas, bitcoin e blockchain. Como não podia deixar de ser, os três módulos estão profundamente interligados, sendo a sequência escolhida aquela que me parece mais adequada para uma perceção mais completa dos conceitos.

A primeira parte do livro aborda a generalidade das criptomoedas, enquadrando-as no atual sistema monetário centralizado e questionando sobre a sua evolução como moedas substitutas ou complementares das atuais moedas oficiais. Na segunda parte, será destacada a primogénita das criptomoedas, a bitcoin, sublinhando-se o seu valor no processo de descentralização da política monetária. Contudo, além de uma moeda virtual, a bitcoin também criou uma infraestrutura eletrónica revolucionária: a blockchain. A terceira parte debruçar-se-á sobre esta rede tecnológica que, no contexto da bitcoin, se circunscreve a um sistema de transferências financeiras, mas que ganhou outra multiplicidade com a evolução para a ethereum: a blockchain 2.0.

A ESPADA DE DÉMOCLES

A bitcoin nasceu de um ensejo antissistema personificado nas organizações monetárias, financeiras e bancárias das grandes economias dominantes e exacerbado pela crise financeira de 2007–2008.

Na leitura (séria) de todos os que contribuíram para o surgimento efetivo de uma moeda virtual não controlada por nenhum poder centralizador, o sistema económico mundial está alavancado, desde 1971, com o fim da conversão do dólar em ouro, sob as costas de uma estrutura muito frágil: o papel-moeda fiduciário. Nesta era moderna, os bancos centrais podem imprimir quantidades quase ilimitadas de dinheiro, a que acresce o efeito multiplicador dos bancos comerciais que também emitem moeda através da concessão de crédito respaldado por um valor fracionário em depósitos.

E se a inflação foi sempre a resposta para estes desvarios monetários de emissão de moeda sem controlo, como aconteceu extremadamente na República de Weimar — fazendo com os cidadãos perdessem toda a confiança na moeda, recusando-se a usá-la nas suas transações —, nos nossos tempos, os ciclos recessivos sucessivos (crise financeira de 2007–2008, crise bancária e da dívida soberana de 2013 e agora a crise decorrente da pandemia Covid-19) têm mantido esse efeito corretor afastado.

A este panorama soma-se o facto de que as medidas alinhadas pelos governos e bancos centrais para combater as crises têm sido invariavelmente expansionistas quanto à emissão de moeda: trocas de liquidez massivas entre bancos

INTRODUÇÃO

centrais; monetização da dívida soberana; redução das taxas de juros para zero, aliada à promessa de que nesse nível permanecerão por um bom tempo; e compras astronómicas de ativos financeiros, quase ilimitadas e sem fim predeterminado, através das políticas de *quantitative easing*.

Esta «bola de neve» de moeda «emitida», sem que a poupança aumentasse ou se reforçassem os depósitos que dão conforto ao investimento que alimenta o crescimento, conduziu a uma situação que me leva a acreditar que a cura poderá vir a ser bem pior do que a doença. O sinal mais claro desse desequilíbrio está no facto de os balanços da Reserva Federal e do Banco Central Europeu terem quadruplicado e de a economia real estar cada vez mais afastada da economia dos mercados financeiros, que continua a alimentar «bolhas» nos preços dos ativos financeiros e imobiliários.

Foi neste contexto que alguém, sob o pseudónimo de Satoshi Nakamoto, publicou em 2008 o livro branco das criptomoedas. O seu objetivo era claro: o cidadão comum não podia ficar a assistir impávido à autofagia dos poderes centrais, era necessário criar uma unidade monetária que fugisse a esta voragem (cujo impacto final ainda está por conhecer).

ÍCARO: VOA OU CAI?

Ao longo da história da humanidade temos assistido a muitas e maravilhosas revoluções tecnológicas. A prensa de Gutenberg levou os livros e o conhecimento às massas. O telégrafo de Morse permitiu uma comunicação rudimentar, mas eficaz, a grandes distâncias. O motor a combustão criou a nossa atual sociedade industrial e de consumo. Mais recentemente, os computadores pessoais aumentaram muito a produtividade humana e, com o advento da Internet, todas as transformações digitais aceleraram a um ritmo nunca visto.

No entanto, quando se observa o sistema monetário, em substância, muito pouco mudou desde que os Estados-nação no século XVII forçaram a circulação da moeda que cunhavam e a tornaram exclusiva. Até à chegada da bitcoin.

A bitcoin, como criptomoeda e sistema de pagamentos, representa um conceito revolucionário cujo entendimento rapidamente se torna intuitivo com uma primeira transação. As suas características são a sua arma de defesa. Trata-se de um sistema descentralizado, pelo que não está dependente de uma autoridade central que controla a emissão e a circulação da moeda, e transparente, porque todos os intervenientes no sistema podem conferir todas as transações e ficar com o relato histórico. É segura, uma vez que os registos depois de validados são imutáveis. E protege os dados dos utilizadores, na medida em que toda a informação está codificada por criptografia, cuja solução passa por um sistema de chaves públicas e privadas que conforta qualquer regulamento geral de proteção de dados.

Mas a bitcoin não é apenas um projeto revolucionário, nem o *paper* de Nakamoto um panfleto messiânico. É também um marco estruturante da força disruptiva da inovação tecnológica e da sua implicação na nossa vida quotidiana.

Nesse sentido, a bitcoin constitui uma promessa de novos e melhores serviços para consumidores e empresas, que se junta a um conjunto de outras evoluções assentes em inteligência artificial e *big data*, que alteram a forma tradicional de prestação de serviços financeiros aos consumidores.

A tecnologia da bitcoin aplicada ao sector financeiro tem o potencial de reduzir custos ao mesmo tempo que alarga o leque de escolha, promovendo a inovação e a concorrência, com resultados mais favoráveis para a eficiência e o bem-estar dos consumidores. A desintermediação de alguns serviços e a maior flexibilidade organizacional dos novos entrantes permitem-lhes poupanças nos custos operacionais, resultando em preços potencialmente mais competitivos vis-à-vis os serviços financeiros na sua forma de prestação tradicional. Nesta medida, a bitcoin representa ainda uma oportunidade de aumentar a inclusão financeira, através da oferta de produtos a consumidores e a empresas com difícil acesso aos serviços bancários, de investimento e de seguros tradicionais. Claro está que o seu potencial é maximizado num contexto de melhoria simultânea da literacia digital dos consumidores.

A inovação tecnológica tem um papel importante em sectores tradicionais ao introduzir um elemento de dinamismo concorrencial. Estes desenvolvimentos são particularmente relevantes atendendo ao elevado nível de concentração e às barreiras à entrada que caracterizam o sector financeiro. As suas características intrínsecas, como sejam os custos fixos ou os efeitos de gama e de rede, favorecem a cristalização do mercado e têm conferido vantagens de incumbência substanciais aos operadores tradicionais, instalados há mais tempo no mercado.

Evidentemente que os novos entrantes não têm a vida facilitada. E foi isso que inicialmente aconteceu com a bitcoin. Os operadores e reguladores incumbentes reagiram estrategicamente de forma concorrencial a estes

INTRODUÇÃO 15

desenvolvimentos, respondendo com produtos inovadores ou reduzindo os preços, mas longe da tecnologia descentralizada. Contudo, no limite, procuraram mesmo eliminar a nova concorrência, desacreditando a tecnologia que está por detrás das criptomoedas.

É neste ecossistema que se integra o amplo debate suscitado pelas criptomoedas, especialmente pela bitcoin, que envolve diversos aspectos que vão desde a caracterização da sua natureza e das transformações que provoca na estrutura do sistema monetário e financeiro, à reação dos bancos/instituições financeiras e dos bancos centrais e até aos desafios para a regulação financeira e para o combate ao crime organizado.

E este debate-confronto está longe de estar resolvido. Ainda que a tendência recente seja no sentido da adoção desta dimensão virtual na esfera dos incumbentes financeiros, a descentralização do poder de criação da moeda não é matéria de fácil aceitação pelos Estados-nação, nem pelos seus organismos de intermediação financeiros. Nessa perspetiva, as criptomoedas, embora representem uma inovação financeira importante, não tendem a alterar a prevalência da ordem monetária vigente, baseada na moeda estatal e na moeda bancária, num período de tempo minimamente previsível.

Se um dia as criptomoedas forem integradas no sistema monetário mundial, será muito difícil que sejam uma entidade diferente das moedas contemporâneas. Ou seja, as moedas atuais (euro, dólar, libra, etc.) quando passarem a utilizar a tecnologia de criação monetária que as criptomoedas hoje utilizam — a tecnologia blockchain — passarão elas próprias a ser também criptomoedas. Dito de outra forma, não acredito que seja a bitcoin a sobrepor-se ao dólar, mas sim o cripto-dólar a impor-se às criptomoedas.

O PROMETEU É OUTRO

Finalmente, importa enfatizar que, além da multiplicidade das criptomoedas, a tecnologia blockchain representa a principal inovação que sai do projeto da bitcoin. Esta infraestrutura tecnológica não só evidencia capacidade para remodelar o sistema financeiro moderno, como se pode desdobrar em diversas outras área de atividade e de uma forma cuja verdadeira dimensão (e intensidade) ainda desconhecemos.

A blockchain foi definida no *World Economic Forum* (WEF) de 2018 como o «coração pulsante» do sistema financeiro mundial, sendo considerada uma das inovações tecnológicas mais relevantes que afetarão o futuro dos negócios. Os investimentos que estão a ser realizados nesta tecnologia são disso testemunho claro: prevê-se que, até 2021, as soluções blockchain acumulem um investimento global na ordem dos dez milhares de milhões de euros (WEF, 2018). Portanto, a blockchain é hoje consensualmente considerada como tendo a capacidade de ser uma tecnologia disruptiva e de transformar por completo a forma de trocar, bem como de fazer negócios.

No entanto, a face visível deste icebergue tecnológico já não se confina à bitcoin e às demais altcoins, estendendo-se a uma realidade aumentada pela ethereum: a blockchain 2.0. A ethereum, lançada em 2015, utiliza a mesma tecnologia da blockchain para oferecer uma plataforma que se baseia na bitcoin, mas que também permite a execução de instruções fora do mundo financeiro.

A ethereum veio expandir as capacidades da tecnologia blockchain tornando possível que todos pudessem desenvolver aplicativos descentralizados e *tokens* digitais e, no que pode ser verdadeiramente impactante para todas as organizações, correr contratos inteligentes (*smart contracts*), *scripts* que verificam e garantem a correta execução de um contrato predefinido.

Apesar de a rede blockchain mais conhecida e amplamente utilizada ainda ser a bitcoin, o impacto potencial da tecnologia é muito maior e mais amplo do que a esfera das moedas virtuais. Na verdade, hoje parece claro a todos que os maiores efeitos da bitcoin, através da plataforma que criou, podem ser encontrados fora do reino das moedas.

Por cada transação em que se passa a utilizar o livro-razão da blockchain, em vez de um sistema centralizado tradicional, os intermediários e mediadores são eliminados, perdendo a sua fonte de poder e rendimento. No caso do dinheiro e transferências, são os bancos; no caso dos registos, os notários e conservadores; no caso das eleições, as comissões eleitorais; e no caso dos serviços públicos, os funcionários públicos. Deste modo, concretizando-se nos próximos anos um crescimento considerável da utilização da tecnologia blockchain, como se espera, pode haver uma profunda mudança social.

A maioria dos analistas está confortável com esta perspetiva, afirmando que a blockchain apenas irá deslocar algumas das tarefas menos interessantes, otimizando os processos e deixando mais tempo para as tarefas principais e de

INTRODUÇÃO

maior valor acrescentado. Mas não se estarão a esquecer da redução na quantidade total de trabalho? Sendo que, como noutras ondas anteriores de automação do trabalho manual, também ocorreu perda de empregos e novos foram criados na concepção e manutenção dos sistemas necessários.

Outro impacto da intensificação da blockchain com algum significado é o aumento do consumo de energia. Embora algoritmos e *hardware* mais eficientes possam ser desenvolvidos, a intensidade de energia consumida pela blockchain (e por todos os processos digitais em geral) pode-se tornar um problema crescente no futuro.

Todavia, eventualmente, o efeito mais profundo do desenvolvimento da blockchain pode ser encontrado em pontos mais subtis relativos aos valores sociais e da nossa organização estrutural enquanto sociedade. Esses efeitos estão associados aos valores embutidos na tecnologia, pois todas as tecnologias possuem valores e políticas, que geralmente representam os interesses e ideais dos seus criadores.

Nesse contexto, as razões pelas quais os sistemas financeiros, administrativos e políticos tradicionais se posicionam como intermediários centrais são claras: como todas as «transações» passam por eles, pretendem manter a sua posição de poder e a sua capacidade de influência. Deste modo, uma tecnologia atomizada e distribuída, sem um intermediário central, é um *statement* carregado de valor político. Ou seja, utilizar este tipo de tecnologia é participar numa mudança sociopolítica geral, que reduz a confiança nas instituições tradicionais e no seu poder. E esta é, seguramente, a maior fragilidade da nova tecnologia blockchain.

Porto, 11 de maio de 2021

Paulo Alcarva

1

MOEDAS E CRIPTOMOEDAS

1.1. O QUE É UMA MOEDA?

Para se abordar o tema das criptomoedas é imprescindível compreender o conceito e a natureza do ativo que está na sua base: o dinheiro ou a moeda; pois importa não esquecer que as criptomoedas pretendem ser uma forma de dinheiro.

Todos nós (famílias, empresas, Estados), também denominados como agentes económicos, temos o nosso património aplicado num portfólio constituídos por ativos reais (por exemplo, imóveis, terrenos, jóias, etc.) e ativos financeiros (por exemplo, ações, obrigações, depósitos, notas, etc.). O dinheiro é, assim, a parte dos ativos financeiros que se caracteriza pela sua capacidade para realizar transações e liquidar dívidas imediatamente e sem custos de transação — ou seja, é um ativo que gera liquidez — e pela sua aceitação universal ao circular obrigatoriamente numa nação (libra) ou espaço monetário (euro).

Mas o dinheiro é, sobretudo, uma convenção social que facilita o comércio resolvendo o problema da falta de confiança (ou desconhecimento puro) nas trocas entre as várias partes envolvidas. Por sua vez, para ter essa aceitação social generalizada e realizar o objetivo a que se propõe, o dinheiro define-se pelas suas três funções fundamentais: meio de pagamento, unidade de medida e reserva de valor.

Funções da moeda:
- Meio de pagamento
- Unidade de medida
- Reserva de valor

Observe-se cada uma das três funções fundamentais à luz do exemplo do leitor ao comprar este livro. Para adquiri-lo utilizou euros, moeda que funcionou como meio de pagamento, pois permitiu realizar o pagamento. Mas não teve de dispor de um montante de euros qualquer, pagou pelo livro uma quantia determinada de euros que representa o seu valor, pelo que o euro funcionou também como unidade de medida, com capacidade para exprimir o valor de mercado do livro numa unidade comum (como o faz para outros bens, serviços e ativos) que corresponde ao preço ou valor monetário do livro. Finalmente, o dinheiro que foi recebido pela livraria permitir-lhe-á adquirir algo de valor a outros fornecedores, pagar salários, fazer investimentos, hoje ou no futuro, pelo que os euros que pagou funcionam também como uma reserva de valor, com capacidade para armazenar valores para compras futuras. O economista John M. Keynes falava de um «prémio de liquidez» quando se referia a esta última função.

Moeda-mercadoria

Por sua vez, para realizar aquelas tarefas, o dinheiro pode assumir várias formas, incluindo bens não perecíveis e ativos não financeiros e financeiros. Vários bens e ativos foram utilizados e até coexistiram como dinheiro, surgindo quase sempre a partir de mercadorias existentes nas sociedades que as adotavam, como cereais, sal e até conchas do mar. Para serem qualificados como moeda tinham de possuir as seguintes características: procura — eram desejadas, sobretudo para consumo; escassez — existiam em unidades de quantidade limitada, relativamente à procura; divisibilidade — eram divisíveis e no processo não perdiam valor; durabilidade — não perdiam a validade rapidamente, ou seja, não eram perecíveis; transportabilidade — fácil transporte e armazenagem; homogeneidade — cada unidade deve ser parecida com as demais; e reconhecibilidade — fácil reconhecimento para atestar a sua veracidade.

Algumas dessas moedas-mercadoria tiveram muito sucesso, enquanto outras levaram à instabilidade monetária e foram substituídas. Portanto, o dinheiro pode variar tanto no que diz respeito às suas características, como no que se refere ao seu sucesso relativo no desempenho das suas três funções principais.

Moeda-metálica

Paulatinamente, os metais preciosos, como o ouro e a prata, foram sendo adotados de forma universal, pois eram aqueles que cumpriam com maior rigor os critérios atrás enunciados. Isto é, os bens passam a ser expressos em função do peso do metal precioso. Surgia assim a moeda metálica. Mais tarde, durante o império Romano, de forma a facilitar a contagem, começam a formar-se discos metálicos com diferentes dimensões, correspondentes a um peso específico, cunhados, posteriormente, por forma a possuírem um «aval» que garantia o seu carácter fidedigno.

Adicionalmente, o dinheiro metálico tinha vantagens sobre a moeda-mercadoria, pois não era um bem estritamente necessário à subsistência da sociedade e a sua produção poderia, tendencialmente, ser assegurada localmente.

Na Idade Média, confrontados com as dificuldades de transporte de grandes volumes de moeda metálica, devido ao seu peso, ao espaço que ocupava e a questões de segurança, surgiram os bancos de depósitos, que emitiam um documento comprovativo do valor em custódia bancária. De forma progressiva, os certificados passam a ser aceites como meio de pagamento, fazendo corresponder o seu valor ao montante indicado. Dá-se, assim, a transição para a aceitação de uma espécie de moeda escritural.

Após a generalização desta prática e deparando-se, mais uma vez, com sucessivas tentativas de fraude, define-se uma autoridade, rei ou governo, que começa a deter o poder exclusivo de emissão de moeda. À semelhança do processo de cunhagem que servia de «aval», as notas passam a ter tamanhos específicos e marcas características consoante o valor que representam, facilitando ainda mais a contagem aquando dos pagamentos. Mas o mais importante neste processo foi a utilização da moeda como instrumento de afirmação dos Estados--nação que se iam consolidando.

Bimetalismo e Monometalismo

Durante a metalização do dinheiro, o ouro impôs-se face à prata, tendo-se chegado ao século XVIII com um sistema bimetálico, intensificando-se o recurso ao amoedamento do ouro e de ligas de ouro e prata. Porém, como explica a Lei de Gresham («a boa moeda afasta a má moeda»), sendo que os valores facial e intrínseco das moedas de ouro não se afastavam do valor nominal, ao contrário do que ocorria com a moeda em liga de ouro e prata (por desvalorização da prata relativamente ao ouro), foi-se impondo um sistema de monometalismo. Numa primeira fase, existiram alternativamente o «padrão-prata» e o «padrão-ouro», contudo, no século XIX, o «padrão-ouro» afirmou-se como referencial do valor do dinheiro.

1.2. O QUE É UMA MOEDA FIDUCIÁRIA E ESCRITURAL?

Além das moedas, no século XIX, começou a circular a «moeda representativa», que funcionava como um padrão monetário emitido com a garantia de uma quantidade de um bem, de valor equivalente ao seu valor de emissão, sendo convertível à vista, à vontade do portador e tendo curso legal forçado.

Dinheiro representativo e papel-moeda

Numa primeira fase, esta «moeda representativa» materializou-se sob a forma de certificados e, posteriormente, deu origem ao «papel-moeda». A grande diferença entre o «papel-moeda» e a «moeda representativa» é que o primeiro é desprovido de convertibilidade, sendo determinada a aceitação compulsória de notas de banco. Deste modo, estrutura-se um sistema monetário de base fiduciária. Logo, deixou de existir a garantia do valor intrínseco da moeda fiduciária, existindo sim entidades que passaram a controlar as disparidades e os regimes monetários.

A estruturação deste modelo dá-se no século XIX, quando as grandes potências mundiais decidem indexar o valor da sua moeda ao ouro, adotando um sistema cambial fixo e de fácil comparação: o padrão-ouro. Neste regime, cada banco central era obrigado a deter uma quantidade de ouro correspondente às suas necessidades comerciais e representativa da moeda que possuía em circulação interna.

Todavia, independentemente da questão do valor da moeda e das políticas monetárias, o que importa sublinhar no âmbito deste livro é o carácter fiduciário da moeda. Ou seja, a confiança que os agentes económicos depositam na moeda, apesar de esta deixar de ter um valor intrínseco, o que constitui um verdadeiro fenómeno coletivo, uma instituição social, no sentido da viabilização do sistema de trocas indiretas que caracteriza o capitalismo.

De acordo com John M. Keynes, a moeda teria de possuir duas outras propriedades essenciais, que a diferencia dos demais ativos: a elasticidade de produção e de substituição teria de ser nula ou negligenciável. A primeira propriedade significa, essencialmente, que a produção de moeda não pode ser realizada mediante a contratação de mais capacidade produtiva; enquanto a segunda expressa que o princípio da substituição não se aplica à moeda em circulação, o que quer dizer que perante o aumento da procura por moeda não há um outro ativo capaz de substituí-la.

MOEDAS E CRIPTOMOEDAS

Na combinação das três funções basilares enunciadas (meio de pagamento, unidade de medida e reserva de valor) com as características de equilíbrio postuladas por John M. Keynes, constitui-se o

Moeda escritural ou bancária

núcleo do sistema monetário moderno. Isto é, uma economia capitalista corresponde a um sistema de balanços inter-relacionados, com a moeda estatal (fiduciária) e bancária (escritural).

De facto, apesar das várias crises financeiras que já assolaram o mundo, nos sistemas monetários contemporâneos as moedas nacionais mantêm-se como moedas estatais fiduciárias, no sentido de terem o seu valor garantido apenas pela autoridade do Estado emissor e de serem dotadas do princípio de curso forçado no espaço nacional, ou seja, devem ser aceites obrigatoriamente pelos agentes económicos no território nacional. Além disso, são a única forma aceite pelo próprio Estado para pagamento de impostos e são as únicas admitidas pelos bancos centrais para fechar as posições dos bancos diariamente. Ou seja, as moedas possuem autoridades centrais e circulam dentro de um território específico.

A revolução monetária seguinte passou pela criação da moeda escritural, uma forma desmaterializada de dinheiro, que resulta da mobilização de depósitos bancários através de cheque, transferências bancárias e levantamento em caixas automáticas. Mas a moeda escritural mais impactante é o dinheiro que os bancos comerciais criam pela prática de concessão de crédito, contra a imobilização de uma fração dos depósitos recebidos sob a forma de dinheiro e de outros ativos financeiros de elevado grau de liquidez. Este efeito é denominado efeito multiplicador do crédito.

1.3. O QUE É UMA MOEDA PARALELA?

Tendo em conta que o conceito de dinheiro é, sobretudo, reflexo da confiança dos agentes económicos na capacidade de uma moeda sustentar um sistema de transações de valor, se uma parte da população confiar num sistema de moeda alternativo, pode essa moeda alternativa ser considerada como dinheiro? O exemplo mais claro desta possibilidade são os depósitos à ordem nos bancos comerciais, que são também moeda pelo cumprimento das três funções fundamentais. Contudo, tal só acontece porque existe uma condição prevalecente, o de serem convertíveis na moeda estatal de forma imediata.

Mas existirá moeda além dessa obrigatoriedade de convertibilidade? Importa não esquecer que a moeda nasceu originalmente como uma necessidade social para as pessoas realizarem as suas trocas comerciais, necessidade essa que se mantém, pelo que a resposta à questão é claramente afirmativa: uma moeda existe desde que tenha o reconhecimento de uma determinada comunidade de utilizadores para cumprir com as três funções fundamentais da moeda. A proposta que se defende é que, além de uma mera imposição estatal, a moeda é, antes de tudo, um fenómeno social. É o facto de ser reconhecido por uma comunidade que faz com que certo meio circulante tenha valor e seja amplamente aceito para intermediar trocas e transações.

Moeda paralela

Este tipo de moedas designa-se como paralelas. Moedas que carecem de reconhecimento jurídico por parte do Estado, mas que são utilizadas e reconhecidas como ativo monetário por aqueles que as utilizam. A dolarização de uma economia é o caso mais destacado desta monetização paralela, onde o dólar funciona como moeda paralela face a uma outra moeda. Por exemplo, em Angola, apesar de a moeda nacional ser o Kwanza, o dólar circula como moeda generalizadamente aceite e cumpridora das três funções da moeda; aliás, neste caso, é mesmo a moeda internacional daquela economia e (informalmente) aceite e promovida pelo Estado.

Além da dolarização de algumas economias mundiais, é também como moedas paralelas que se enquadram as moedas sociais e as criptomoedas, como instrumentos monetários paralelos que não mais se restringem a moedas estrangeiras. Estas moedas paralelas têm por característica o facto de serem unidades diferentes da moeda nacional e não serem dotadas do poder liberatório legal. Aliás, a consideração ou não, por parte dos seus utilizadores, de uma moeda como forte e segura não altera o surgimento das moedas paralelas, embora nos períodos de crise económica recrudesça fortemente a criação e circulação desses instrumentos.

Antes de se introduzir o tema das criptomoedas, ressalve-se as moedas sociais, criadas por grupos sociais sem que haja uma finalidade comercial específica ou qualquer tipo de intervenção estatal no processo. A lógica destes

MOEDAS E CRIPTOMOEDAS

instrumentos é o fomento de uma circulação local e recíproca de riquezas, organizado sobre um sistema de confiança comunitária. Entre 1988 e 1996, cerca de 10% dos instrumentos monetários utilizados mundialmente podiam ser classificados como moedas sociais.

As moedas sociais têm como importante característica a confiança. É a confiança num objetivo comum, numa determinada comunidade e, principalmente, nos seus líderes que levarão, conjuntamente, ao sucesso ou fracasso de uma iniciativa de emissão de moeda social. Os sistemas monetários paralelos e, particularmente, as moedas sociais, vão de encontro ao aspecto da soberania estatal que reconhece uma moeda única, exclusiva e própria do Estado. Elas têm por base, portanto, a lógica do incentivo à circulação num grupo bastante reduzido de pessoas a fim de promover o desenvolvimento económico, utilizando-se, para isso, instrumentos físicos identificados e utilizados como moeda.

1.4. O QUE É UMA CRIPTOMOEDA?

As criptomoedas são um tipo de moeda paralela, na aceção que se viu no ponto atrás, que se diferencia das demais pela sua natureza digital ou, como o próprio nome indicia, pelo facto de serem criadas por um sistema de métodos criptográficos. Sustentada em técnicas que possibilitam a proteção de dados transmitidos e armazenados, a partir da transformação de informações legíveis em códigos ininteligíveis, as criptomoedas são moedas desregulamentadas e descentralizadas, ou seja, carecem das funções essenciais da moeda baseada na combinação Estado-bancos.

Características das criptomoedas:

- Virtuais / Digitais
- Criptográficas
- Descentralizadas

Na origem do seu surgimento e desenvolvimento estão os meteóricos avanços tecnológicos na área das TI, com o advento da rede mundial de computadores, a Internet, das comunicações, da criptografia (funções *hash* criptográficas, assinaturas digitais), bem como das ciências da computação (redes *peer-to-peer* — P2P), que tornaram possível esta descentralização na criação e funcionamento das criptomoedas. De facto, desde o aparecimento da Internet e dos meios de pagamento online, abriu-se o espaço para inovações tecnológicas relevantes nos sistemas financeiros, tanto nacionais como internacional. Dentre elas, por exemplo, pode-se apontar o avanço na arquitetura intermediária das transações via cartão de crédito, desenvolvida por empresas como a Visa e MasterCard, que estabeleceram padrões de criptografia que possibilitaram o aumento da segurança e, logo, da confiança no uso da rede. A convergência entre padrões de criptografia e as comumente denominadas moedas digitais está circunscrita a essa dinâmica inovadora da Internet associada aos progressos muito acelerados no âmbito da tecnologia da informação.

Em resumo, uma criptomoeda consiste num *token* digital que existe num determinado sistema de criptomoeda (bitcoin, ethereum, etc.) e que assenta nas seguintes componentes:

- Funciona numa rede P2P;
- Utiliza um mecanismo de consenso, sem o qual a moeda não é emitida e as transferências não se processam;
- Não existe nenhuma entidade central que gere o sistema, mas os próprios participantes da rede;
- A história das transações pode ser verificada de forma independente por cada participante, existindo acesso ao *ledger* partilhado, que normalmente tem a forma de cadeia de blocos;
- As novas unidades do *token* (a criptomoeda) são criadas através de um processo que se designa por mineração (*mining*).

As criptomoedas são sinónimo de moedas virtuais? Há uma certa confusão terminológica entre três denominações — digitais, virtuais e criptomoedas — que poderá vir a dificultar a apreensão das características específicas a cada uma. Em termos gerais, pode-se identificar uma evolução tecnológica a partir das moedas digitais originalmente concebidas até as criptomoedas, dentre as quais a bitcoin é apenas um exemplo.

Tanto as moedas virtuais quanto as criptomoedas são exemplos de moeda digital, uma vez que ambas precisam do suporte da rede para garantir a sua circulação, isto é, as suas transações não ocorrem sem que os utilizadores estejam ligados à Internet. Contudo, as moedas virtuais são uma generalização que engloba desde sistemas de fidelização por pontos dos retalhistas, a valores acumulados em jogos de RPG online, até às criptomoedas.

Figura 1: Estruturação das moedas digitais

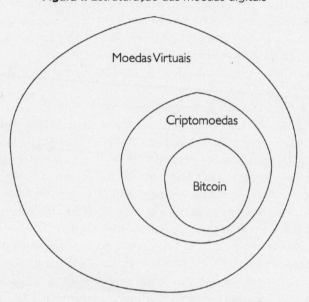

Todas as moedas virtuais também são digitais e eletrónicas. Nesta perspetiva, não é o carácter digital das criptomoedas o factor distintivo face ao sistema monetário moderno das moedas virtuais; a grande inovação e, portanto, diferença da ordem monetária proposta pelas criptomoedas relativamente à ordem monetária atual, ancorada na moeda estatal e na moeda bancária, diz respeito à ausência de autoridade central e ao processo de autorregulação do chamado dinheiro criptográfico.

HISTÓRIA DAS CRIPTOMOEDAS

Apesar do maior protagonismo na última década, as atuais criptomoedas desenvolveram-se sobre múltiplos projetos que soçobraram pelo caminho. A história das moedas criptográficas recua à década de 1980, com o trabalho de David Chaum, que ficou conhecido como o inventor de sistemas seguros digitais. Chaum propôs um novo esquema de criptografia para tornar secreto o conteúdo de uma mensagem, antes de esta ser assinada, baseado numa caixa digital que permitia aos utilizadores gastarem a moeda digital de tal forma que não fosse detetável pela outra parte.

Para comercializar as suas ideias de dinheiro digital — denominado nos anos 90 como *ecash* —, Chaum fundou a DigiCash. Contudo, esta primeira geração de moedas criptográficas teve uma vida muito curta, pois não conseguiu persuadir os bancos e os operadores a adotá-la de forma massiva. Além disso, a dinâmica do protocolo de criptografia estava associada a uma relação entre o utilizador e uma terceira parte responsável pela compensação da transação. Não era completamente descentralizada.

A partir do trabalho de David Chaum nasceu o movimento Cypherpunk, um grupo informal que comunicava por meio da lista de discussão eletrónica e que defendia o uso de tecnologias de criptografia e a melhoria da privacidade nas comunicações/transações. Anterior a este movimento, a criptografia não estava publicamente disponível aos cidadãos comuns, sendo quase exclusivamente utilizada pelas forças armadas e agências de informação, mas tudo mudou a partir daqui. Todavia, o próximo grande passo, em meados da década de 1990, foi dado pelos serviços de segurança norte-americanos (NSA) com o desenvolvimento do *chipset* Clipper, desenvolvido pela NSA, que acabou rapidamente por ser desacreditado, pois descobriu-se que a sua confidencialidade era facilmente violada: o *chip* transmitia informações que poderiam ser exploradas para recuperar a chave de criptografia num LEAF (*Law Enforcement Access Field*) específico. Este LEAF continha um *hash* de 16 *bits* para provar que a mensagem não era modificada, no entanto, os 16 *bits* não eram suficientes como medida de integridade confiável, já que um invasor poderia facilmente forçar outro valor de um LEAF, uma vez que daria o mesmo *hash*. Nesta fase, as questões andavam mais à volta da ciência criptográfica do que propriamente da concretização de uma moeda virtual.

Antes do surgimento da primeira criptomoeda descentralizada, a bitcoin, foram efetuadas várias abordagens que melhoraram a ideia original de David Chaum. Em 1998, Wei Dai propôs o *b-money*, um sistema de dinheiro eletrónico anónimo e distribuído baseado em dois protocolos sustentados na suposição de que existia uma rede não rastreável, onde os remetentes e destinatários eram identificados apenas por pseudónimos digitais e pelas suas chaves públicas e em que toda a mensagem era assinada pelo remetente e criptografada para envio ao preceptor. Nesse mesmo ano, Nick Szabo desenvolveu uma nova moeda digital chamada *goldbit*. O seu sistema era sustentado em enigmas criptográficos que, depois de resolvidos, eram enviados para um registo público bizantino tolerante a falhas e atribuídos à chave pública do solucionador. Para resolver o problema do «gasto duplo» — a mesma moeda ser utilizada mais do que uma só vez — sem uma autoridade central, o esquema de Szabo imitava as características da confiança do ouro com o regime do padrão-ouro.

Por sua vez, Adam Back propôs o *hashcash*, um sistema de prova de trabalho (PoW — *Prof of Work*) baseado em funções *hash* criptográficas para derivar a prova probabilística do trabalho computacional como um mecanismo de autenticação. Com o *hashcash*, o objetivo do PoW era garantir dificuldades a um *spammer* que pretendesse transmitir *e-mails* por meio de uma transmissão anónima de *e-mails*. Como a identidade do remetente devia ser protegida, nenhuma verificação de autenticação tradicional é possível neste cenário. Portanto, o servidor de *e-mail* exigia uma solução para um desafio computacional, como um método de autenticação para aceitação da mensagem para retransmissão. O esquema de PoW de Adam Back foi reutilizado conceptualmente na mineração da bitcoin, como se verá mais à frente.

Baseado em trabalhos anteriores, em 2004, Hal Finney apresentou o primeiro sistema monetário baseado numa prova de trabalho reutilizável (RPOW) e na teoria de Szabo. Semelhante ao *goldbit*, o esquema de Finney desenvolveu o conceito de dinheiro através de *tokens*, alinhado com o conceito do valor de ouro. Mais tarde, após o lançamento da bitcoin, Hal Finney tornou-se o primeiro utilizador desta nova criptografia, tendo sido ele a receber a primeira transação em bitcoins a partir do seu criador, o enigmático Satoshi Nakamoto.

Figura 2: Cronologia das criptomoedas até à bitcoin

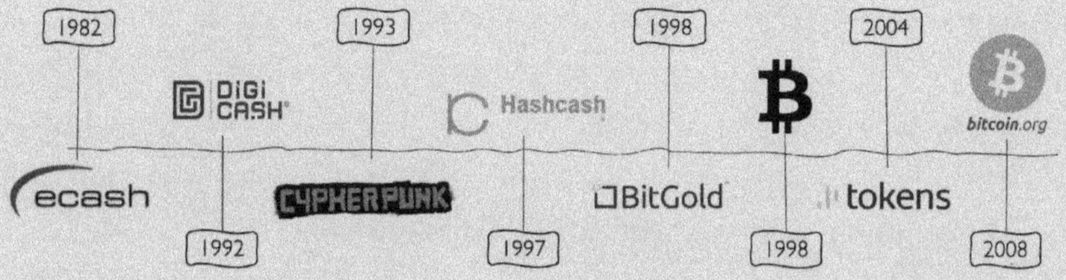

Além dos desenvolvimentos criptográficos referidos, as criptomoedas também são devedoras das redes descentralizadas que a partir do final do século passado foram aparecendo na Internet. Em 1999, o surgimento do software de partilha de música Napster foi uma revolução ao concretizar o ideal libertário da rede: o que antes fora um exercício intelectual utópico tornou-se uma realidade, com a substituição das estruturas de rede *client/ server*, nas quais o utilizador depende de um servidor centralizado, por uma estrutura *Peer-to-Peer* (P2P), onde as interações acontecem diretamente entre utilizadores. No primeiro modelo, os dados estão localizados

> num servidor central e, quando requisitados por um utilizador, são transferidos para este, enquanto na rede P2P os dados são arquivados e transferidos entre as partes autónomas.
>
> A existência do P2P precede o aparecimento do Napster, contudo foi com este programa de partilha que o P2P se simplificou e, consequentemente, se disseminou e facilitou a incorporação de novas tecnologias descentralizadas no universo dos utilizadores comuns. O próximo grande impulso foi dado pela rede BitTorrent, um protocolo de partilha P2P, originalmente disponibilizado em 2001, no qual o utilizador cria um arquivo de extensão .torrent contendo dados que são enviados por este primeiro utilizador (*seeder*) para terceiros (*leechers*) que fazem o *download* e que, subsequentemente, se tornam *seeders* e colaboram no envio do arquivo às demais partes requerentes da transferência. Tudo isto sem qualquer servidor central onde estejam hospedados os arquivos partilhados e com a possibilidade de cada utilizador contribuir com apenas uma fração de dados que, individualmente, não significam nada.

Neste momento, existem cerca de 2000 criptomoedas, ainda que a grande maioria das transações em criptomoedas seja efetuada através de algumas delas. No final de 2020, as criptomoedas representavam cerca de 330 mil milhões de dólares (USD 330 000 000 000) em termos de valor de mercado. As dez criptomoedas mais importantes representavam 80% do mercado total, enquanto os dois mais importantes, bitcoin e etherium, tinham um peso de cerca de 55% do valor de mercado. Para efeito de comparação, as notas e moedas emitidas pela Reserva Federal norte-americana equivaleram, no mesmo período, a 1,6 biliões de dólares, enquanto as emitidas pelo Banco Central Europeu representaram 1,2 biliões de euros.

A partir dos conceitos abordados e das funções identificadas para o desempenho funcional de uma moeda, pode-se classificar os vários tipos de moeda para entender como as criptomoedas diferem de outras formas de dinheiro. Para o efeito, considere-se três critérios principais: i) o emissor — Estado ou privado; ii) a forma que assume — física ou digital; e iii) a forma de liquidação das transações — centralizada ou descentralizada.

Nesta taxonomia, que pode ser observada na Figura n.º 4, as criptomoedas representam uma nova forma de dinheiro, que resulta da combinação de três características: são emitidas de forma privada, são digitais e permitem a liquidação das transações de forma descentralizada.

Figura 3: Quotas de mercado das criptomoedas (Dezembro de 2020, em %)

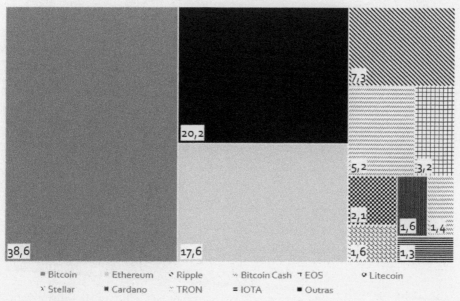

Fonte: Site coinmarketcap.com

    A forma privada de emissão não é uma novidade para o sistema monetário, pois é assim que funcionam os depósitos bancários que são emitidos por bancos comerciais; no entanto, ao contrário destes, as criptomoedas não são um passivo e não podem ser resgatadas. A condição digital, como já se viu atrás, também não é um elemento diferenciador face a outras moedas, uma vez que é em tudo semelhante ao dinheiro eletrónico emitido por bancos centrais e comerciais. Tal como todo o dinheiro digital/virtual que é processado através do *e-banking*, também as criptomoedas também são fiduciárias, ou seja, não têm valor intrínseco.

    A combinação das duas características anteriores com a liquidação de transações de forma descentralizada é que a tornam uma forma de moeda única. As transações por meio de criptomoedas são efetuadas ponto-a-ponto (*peer-to-peer*), onde a tecnologia de contabilidade descentralizada (DLT) — por exemplo, a blockchain, a ver com maior detalhe à frente — é utilizada para evitar o chamado «problema do duplo», que surge com moedas digitais devido à sua fácil replicabilidade e que é tradicionalmente resolvido através da manutenção de registos por um agente central confiável. Isso significa que com uma DLT não existe uma autoridade central para a liquidação de transações digitais entre as contrapartes.

Figura 4: Taxonomia do dinheiro

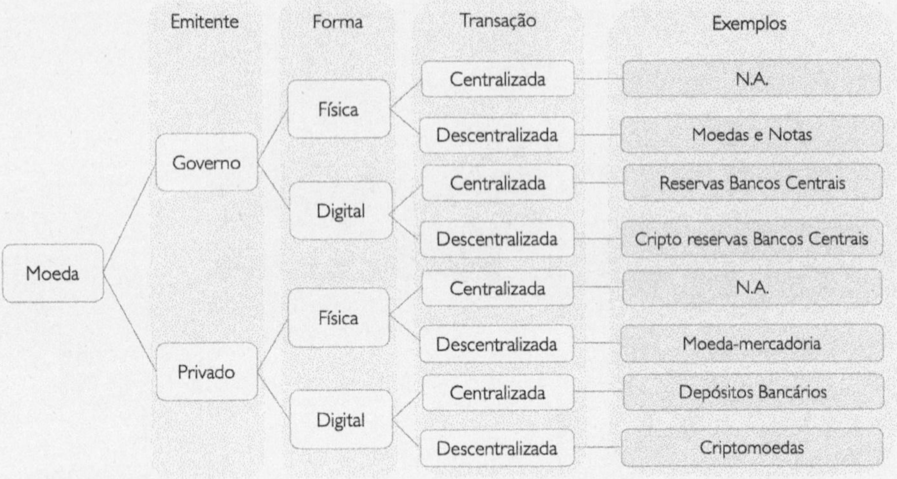

Emitente	Forma	Transação	Exemplos
	Física	Centralizada	N.A.
	Física	Descentralizada	Moedas e Notas
Governo	Digital	Centralizada	Reservas Bancos Centrais
	Digital	Descentralizada	Cripto reservas Bancos Centrais
	Física	Centralizada	N.A.
	Física	Descentralizada	Moeda-mercadoria
Privado	Digital	Centralizada	Depósitos Bancários
	Digital	Descentralizada	Criptomoedas

Fonte: Bech e Garratt (2017)

Na verdade, nenhuma entidade é responsável pelas operações das criptomoedas, embora vários intermediários sejam necessários para fornecer serviços técnicos, pois, a fim de utilizar criptomoedas, é precisa uma carteira digital, haver intermediários para as trocar por outras moedas, etc. Resumindo, o elemento novo das criptomoedas face às demais formas de dinheiro decorre da sua capacidade para viabilizar transações digitais *peer-to-peer* totalmente descentralizadas.

E será esta inovação uma vantagem para o sistema financeiro como um todo e para a melhoria da qualidade de vida dos seus utilizadores?

A descentralização tem uma vantagem única ao garantir o (quase) anonimato das transações, o que é bom para a privacidade, embora também possa significar que as criptomoedas podem facilitar as transações relacionadas com atividades ilegais ou evasão fiscal. Aliás, as criptomoedas são particularmente mais propensas à realização de atividades ilegais do que outras formas de dinheiro, dada a tecnologia utilizada que possibilita o processamento, com maior eficiência, de grandes transações. A DLT também está na base de uma grande vantagem das criptomoedas que é, em princípio, a sua menor vulnerabilidade a ataques maliciosos em comparação com sistemas centralizados e, portanto, permite que seja mantido um «livro-razão» (deve e haver) de transações anteriores confiável.

Por sua vez, o facto de ser emitida de forma privada, isto é, de não ser decidida por nenhuma uma instituição política, mas por um algoritmo, é observado entre os defensores das criptomoedas como uma maneira de evitar decisões discricionárias que podem gerar fenómenos inflacionistas. A emissão automática de criptomoedas também aumenta a transparência, pelo menos para qualquer pessoa capaz de ler o algoritmo, e a previsibilidade da «política monetária». Finalmente, a forma digital das criptomoedas e a ausência de uma ligação a uma jurisdição específica permitem uma moeda verdadeiramente global e facilmente acessível, elementos imprescindíveis no atual contexto de comércio global.

1.5. A CRIPTOMOEDA PODE SER UMA MOEDA OFICIAL?

As criptomoedas constituem-se como sistemas de pagamento e de registo de transações inovadores, descentralizados e privados, com um grau de segurança bastante elevado, mas sem salvaguardas ou garantias do Estado.

Para seus defensores e entusiastas, as criptomoedas são moedas, de natureza privada e descentralizada, livres do governo e incorruptíveis. Contudo, independentemente de uma determinada forma de moeda cumprir na íntegra as três funções enunciadas, historicamente, tem sido evidenciado que são duas as características principais que conduzem uma moeda ao sucesso: estabilidade de preços e uma rede de utilizadores suficientemente grande. Por outras palavras, a menos que o valor do dinheiro seja relativamente estável ao longo do tempo, ele não será amplamente utilizado como unidade de conta ou meio de troca, nem como reserva de valor.

A estabilidade do valor da moeda é crítica e, por sua vez, exige que a oferta acompanhe a procura de uma forma que evite tanto uma inflação alta (rápida perda de valor) quanto movimentos de deflação (rápido ganho de valor). Na prática, o primeiro sinal (hiperinflação) requer que a oferta de moeda seja de alguma forma restringida, enquanto o último (deflação) demanda uma oferta que possa ser suficientemente elástica para atender à procura.

Além da estabilidade de valor, para que uma moeda se imponha globalmente, é também necessário que tenha uma massa crítica de utilizadores. As duas características são complementares e reforçam-se mutuamente.

As moedas são amplamente utilizadas se tiverem um valor estável, sendo que também é a extensão da rede de utilizadores que garante o sucesso da estabilidade da moeda.

No que concerne à construção da rede de utilizadores, as moedas que se impuseram contaram sempre com alguma forma de respaldo institucional ou coerção estatal (ou a combinação dos dois). Ou seja, em última análise, o sucesso do dinheiro pode ser atribuído a regras institucionais impostas por Estados, que as convertem em moedas oficiais, com aceitação obrigatória de notas e moedas pelo seu valor facial total para fazer pagamentos, liquidar dívidas e pagar impostos. Uma vez que a rede esteja estabelecida e consolidada, e desde que os seus participantes mantenham a confiança na estabilidade da moeda, o apoio e a coerção tornam-se menos importantes.

Atualmente, a ação dos Estados sobre a gestão da moeda é efetivamente executada pelos bancos centrais, que conduzem a política monetária com o objetivo primeiro de cumprir os seus mandatos de estabilidade de preços. Esta estrutura de foco na inflação permite que os bancos centrais utilizem muitos instrumentos — mudanças nas taxas de juros de curto prazo, compra de ativos financeiros, gestão de expectativas — e não os vinculem a nenhuma meta intermediária, como o crescimento da oferta de dinheiro ou crédito. Deste modo, neste contexto de forte integração monetária à escala mundial e de proeminência de moedas sob controle de bancos centrais, como o caso do euro e do dólar norte-americano, não se exclui o surgimento e a adoção de outras moedas, em particular criptomoedas, mas o seu desempenho como dinheiro dependerá muito das suas características e da sua capacidade de realizar as mesmas funções económicas das moedas oficiais.

Tendo em consideração todos os fatores enunciados e que caracterizam uma moeda oficial, pode-se concluir que as criptomoedas disponíveis hoje não estão a desempenhar em pleno as funções do dinheiro.

A primeira razão na base desta inadequação está na elevada e inerente volatilidade dos valores das principais criptomoedas, que acabam por ser resultado (subproduto) dos seus protocolos de oferta de moeda. No caso da bitcoin, a oferta está fixada por um limite máximo (21 milhões de unidades monetárias), que faz com que o caminho de evolução da criptomoeda seja previsível, quase predeterminado. Ou seja, a oferta da bitcoin não corresponde à quantidade procurada, pelo que a natureza inelástica da oferta embutida nas regras do seu

MOEDAS E CRIPTOMOEDAS

protocolo — que para a bitcoin parece uma regra derivada do padrão-ouro — resulta nesta profunda volatilidade.

Esta volatilidade impede, assim, que as criptomoedas funcionem como boas reservas de valor. Esse facto, por sua vez, também limita a sua adoção e mantém a rede de utilizadores relativamente pequena, reduzindo o seu papel como meio de pagamento e como unidade de conta. Estes dois problemas reforçam-se e formam um círculo vicioso, porque a elevada volatilidade das criptomoedas, no que lhe concerne, também resulta, em parte, dessa utilização limitada e das redes de utilizadores consistirem principalmente em especuladores.

As fortes flutuações do preço das criptomoedas gera taxas de inflação (e deflação) nos ativos que estão denominados nessas moedas, que se aproximam da hiperinflação da República de Weimar, na Alemanha, entre as Grandes Guerras ou das observadas atualmente na Venezuela, o que as destitui como boa reserva de valor. Isto também significa que a maioria dos retalhistas que aceite criptomoedas não quer, naturalmente, assumir o risco da taxa de câmbio e, portanto, ter de atualizar os seus preços em criptomoedas com frequência e trocá-las logo após as transações.

Desta forma, o carácter de moeda das criptomoedas é questionado pelos obstáculos que a volatilidade da sua cotação coloca para assumir funções de padrão de preços e de reserva de valor, por um lado, e de avanço da sua função como meio de pagamento, por outro, atributos tidos como essenciais para que um ativo constitua, de facto, moeda. A volatilidade do preço da bitcoin em dólar decorre também de não existir um regulador do seu preço, um banco central que opere continuamente num mercado amplo, como ocorre com moedas nacionais. Deste modo, enquanto se mantiver este nível de volatilidade no preço das criptomoedas, pelas razões atrás apontadas, estas não têm condições para desempenhar a função básica esperada de uma moeda. Não cumprem as funções de reserva de valor, unidade de conta e meio de pagamento.

A segunda razão pela qual as criptomoedas ainda falham como moeda, nomeadamente como um bom meio de troca, é o custo das transações e o tempo que levam para serem registadas na «câmara de compensação» / livro-razão descentralizado. Apesar da ausência de um custo fixo associado à construção da rede descentralizada, a atual capacidade de computação necessária para validar as transações em criptomoeda, por forma a evitar qualquer falsificação do livro-razão, é muito ineficiente em termos de consumo de energia e representa um desperdício significativo de recursos.

A natureza sem fronteiras das principais criptomoedas também levanta uma questão importante que pode limitar a sua ambição de se imporem como moeda. A pretendida estabilidade dos preços significa que a cesta de bens e serviços que forma o índice de preços no consumidor (IPC), que mede a inflação, de uma jurisdição em particular (Estado ou zona monetária homogénea) tem um valor estável. Sucede que as criptomoedas atuais são globais, isto é, não estão vinculadas a um determinado país ou região, atuando com o mesmo preço em áreas económicas completamente díspares. Ora, do ponto de vista da política monetária, é improvável que uma área de criptomoeda global seja uma área monetária ideal, pois isso levaria a uma incapacidade de ajustar as taxas de câmbio dentro dessa «área», daqui resultando uma política cripto-monetária muito rígida e muito acomodativa para diferentes países em momentos diferentes.

No fundo, com uma moeda global e aplicável, com o mesmo protocolo de oferta, a todos os países onde circula — teria de o ter caso contrário não se trataria da mesma moeda — os diferentes países perderiam autonomia na sua política monetária. Ou seja, independentemente da sua necessidade de utilizar a política monetária para acomodar choques económicos (inflação, recessão, choques externos, etc.), o protocolo de oferta de moeda nunca se alteraria, uma vez que não poderia privilegiar um país ou região económica em detrimento de outros. Ademais, os interesses dos países serão sempre divergentes a todo o momento, pois, mesmo perante uma crise económica global, os distintos níveis de desenvolvimento económico e de estrutura da economia implicam necessidades monetárias desiguais. E também em tempos de estabilidade económica mundial, além das referidas diferenças estruturais entre países, os ciclos económicos têm comportamentos heterogéneos, havendo blocos económicos que se encontram em momentos de evolução diferentes dos restantes.

O Egipto, o Japão, o Chile, o Panamá e Portugal muito dificilmente poderiam utilizar a mesma moeda, seja ela uma moeda convencional ou criptomoeda, visto que têm estruturas económicos e necessidades de política monetária muito diferentes. Daqui decorre que a característica sem fronteiras, no atual estado de arte do sistema financeiro mundial, é um entrave em si mesmo à estabilização das criptomoedas como dinheiro.

MOEDAS E CRIPTOMOEDAS

Finalmente, há outros riscos importantes que podem minar a confiança nas criptomoedas, como é o caso do risco de concentração do mercado por parte de uma criptomoeda global, o que pode levar à falsificação do livro-razão e a problemas de «gastos duplicados», à manipulação do valor da moeda por meio de informações privilegiadas e à dependência de intermediários não regulamentados necessários à utilização de criptomoedas.

Contudo, apesar das limitações claras das criptomoedas atuais, é possível que estas ou outras que venham a existir sejam capazes de melhorar os seus protocolos de criação de moeda e de estabilizar a volatilidade dos seus valores monetários, resultante da sua regra da oferta. Para o efeito, as «novas» criptomoedas podem aprender com a experiência anterior, a fim de melhorarem os seus algoritmos, de gerarem moedas que sejam reativas às condições da procura e de corrigirem outras deficiências das criptomoedas, como o seu impacto ambiental negativo via consumo de energia.

Aliás, já existem criptomoedas que estão a tentar resolver estes problemas e fornecer as denominadas *stablecoins*. Por exemplo, os criadores de uma nova moeda chamada Basis pretendem gerar uma moeda cuja oferta possa expandir--se e contrair com a procura, para manter um valor estável em relação a uma moeda oficial (por exemplo, o dólar norte-americano). Caso a Basis consiga ultrapassar o dólar em termos de utilizadores (número e volume), a intenção dos seus criadores é ligá-la diretamente a um IPC medido nessa moeda. Este racional vai contra a natureza internacional das criptomoedas, que não estão vinculadas a nenhuma jurisdição. Contudo, nesta medida, os criadores da Basis reconhecem que pode ser melhor ter uma moeda indexada a uma jurisdição particular (homogénea) que reflita melhor uma área monetária ótima.

Todavia, à data da escrita deste livro, os detalhes do protocolo de criação da Basis ainda são problemáticos, mas não deixa de se mostrar que projetar uma criptomoeda estável pode ser a próxima etapa. Isto não quer dizer que todos os problemas estão ultrapassados, para esta ou outra criptomoeda, assim como para qualquer outra moeda fiduciária, pois, mesmo com um protocolo de criação de moeda sofisticado, não há hoje razão para acreditar que o equilíbrio com preços estáveis prevalecerá sobre os momentos com preços instáveis.

A conclusão anterior implica que a oferta elástica (reação da oferta à procura) é uma condição necessária, mas insuficiente, para alcançar estabilidade de preços. As moedas geridas pelos bancos centrais têm uma série de propriedades adicionais que ajudam a estabelecer a sua aceitabilidade e orientam os agentes económicos em direção ao equilíbrio desejável. Em primeiro lugar, são consideradas como curso legal, ou seja, são reconhecidas pelos sistemas jurídicos subjacentes como um meio de liquidação de obrigações financeiras. Em segundo lugar, os Estados soberanos aceitam-nas como meio de liquidação de impostos e, em terceiro, operam dentro de um conjunto de regras institucionais que lhes dá incentivos e meios para alcançar a estabilidade de preços.

Além disso, as moedas emitidas pelos bancos centrais beneficiam de várias décadas de experiência com estabilidade de preços, boas práticas e redes estabelecidas de utilizadores, instituindo uma espécie de monopólios naturais como unidades de conta, meios de troca e reservas finais de valor.

Por todas estas razões, mesmo que os criadores de criptomoedas consigam projetar um protocolo capaz de emitir criptomoedas com uma oferta elástica, existem, como se viu, razões fundamentadas para que isso não seja suficiente para incentivar o uso mais amplo das criptomoedas, sobretudo, como substitutas das moedas emitidas pelos bancos centrais.

1.6. A CRIPTOMOEDA PODE COEXISTIR COM AS MOEDAS OFICIAIS OU É UMA AMEAÇA?

Neste momento, as criptomoedas já operam ao lado das moedas oficiais, mas coisa diferente é sobreporem-se ou mesmo substituírem. A maior prova dessa restrição constata-se nos volumes de movimentos, que são pequenos e não desafiam a posição do dinheiro oficial como moeda principal. Ou seja, mantêm-se como moedas de nicho, sem expressão no sistema monetário e na vida corrente dos agentes económicos.

No entanto, como se afirmou atrás, à medida que os algoritmos melhorem a estabilidade das criptomoedas, a sua popularidade e utilização podem aumentar. E aí sim pode-se falar numa coexistência entre pares com moedas oficiais.

A concretizar-se esta coexistência, a grande questão que se coloca é a de avaliar o confronto entre um sistema de moeda centralizado (nos bancos centrais) *versus* o sistema descentralizado, a interação entre as criptomoedas e a política monetária do banco central. Os economistas Fernandes-Villaverde e Sanches (2018) trataram este assunto com detalhe, tendo criado um modelo teórico que evidencia que a coexistência entre o banco central e dinheiro privado

MOEDAS E CRIPTOMOEDAS

depende do tipo de política monetária que o primeiro seguir; pelo que as moedas de emissão privada só seriam utilizadas se as moedas oficiais não garantissem a estabilidade de preços, perdendo o seu valor quando o banco central fosse suficientemente credível para garantir o valor real dos saldos monetários.

Assim, de acordo com a maioria dos estudos teóricos realizados, a coexistência de dinheiro oficial e criptomoedas não é uma impossibilidade (teórica), mas os bancos centrais têm uma clara vantagem como incumbentes. Deste modo, estes últimos, ao definirem um tipo específico de política monetária, podem evitar que as criptomoedas sejam utilizadas como um meio de troca, mantendo-as apenas como um ativo puramente especulativo.

No entanto, a definição da política monetária por parte dos bancos centrais não seria indiferente às criptomoedas. Na existência de criptomoedas estáveis, a extensão da substituição, por parte de agentes económicos, de dinheiro e de depósitos bancários por criptomoedas também passará a determinar a eficácia da política monetária. Nesta perspetiva, em vez de representar uma ameaça, a coexistência da moeda oficial com as criptomoedas pode ter um efeito positivo, agindo como um dispositivo disciplinador dos bancos centrais.[1]

Um outro efeito da resistência vem do sistema bancário. No atual sistema, os depósitos bancários estão relacionados com o volume de moeda (notas, moedas e reservas do banco central) apenas numa fração que resulta da concessão de crédito pelos bancos comerciais, portanto, a criação de dinheiro e a concessão de crédito estão intimamente ligadas. Em teoria, não há nada que impeça um banco comercial de adotar um regime de criptomoedas e conceder crédito nessa moeda. No entanto, a criação de dinheiro por bancos em criptomoedas, através do crédito, reduziria o nível de controlo que o protocolo das criptomoedas possui sobre a oferta de moeda, acrescentando uma complexidade adicional ao algoritmo de oferta.

Em conclusão, dado o monopólio natural de que desfrutam as moedas controladas pelo banco central, seria necessária uma profunda crise de confiança para que uma criptomoeda substituísse totalmente uma moeda estabelecida. Mesmo que ocorra um episódio de hiperinflação ou de deflação, os agentes

---

[1] Esta é uma ideia muito cara ao economista líder da Escola Austríaca, Hayek (1976), que defendeu o fim do monopólio do Estado na emissão de moeda como forma de garantir a estabilidade da moeda oficial.

económicos podem manter o desejo de se refugiarem nas atuais moedas «portos-seguros», como o dólar norte-americano ou o franco suíço, antes de recorrerem às criptomoedas. No entanto, como argumentado anteriormente, a ampla acessibilidade das criptomoedas, em comparação com outras moedas, pode oferecer um caminho fácil para a mudança.

O economista Dwyer (2015) conclui de uma forma muito feliz a sua reflexão sobre esta ainda indefinição das criptomoedas, afirmando que as criptomoedas partilham as características-chave do ouro (mineração, descentralização, transação 24 horas por dia/ sete dias por semana), das moedas (meio de troca) e de outros ativos financeiros (volatilidade).

1.7. QUEM É QUE FAZ PARTE DO ECOSSISTEMA DAS CRIPTOMOEDAS?

As criptomoedas registaram um crescimento expressivo quer em volume, quer em notoriedade, desde a introdução das bitcoins, em 2009. Por isso, sem grande surpresa, têm surgido bastantes agentes económicos a oferecer serviços que, simultaneamente, aproveitam as vantagens dos sistemas de criptomoedas e acrescentam valor aos utilizadores.

Moldou-se, assim, um ecossistema financeiro da indústria de criptomoedas, que inclui agentes económicos que oferecem produtos, serviços e aplicações que envolvem o uso de criptomoedas: «mineiros», *exchanges* (bolsas), carteiras e pagamentos.

As *exchange* de criptomoedas são plataformas online (bolsas) que oferecem serviços de compra e venda de criptomoedas e de outros ativos digitais em troca de outras criptomoedas ou de moedas nacionais, permitindo a ligação das criptomoedas à economia real.

Estas plataformas de criptomoedas oferecem três tipos de atividades principais:

- *Order-book exchange*: a plataforma utiliza um sistema de negociação que recebe ordens de compra e de venda dos utilizadores;
- *Brokerage services* (corretagem): serviço que permite aos utilizadores adquirir ou vender criptomoedas de forma conveniente a um dado preço;

MOEDAS E CRIPTOMOEDAS

- Plataforma de negociação: permite uma única interface na ligação de diversos sistemas de negociação e/ou ofertas permitindo a alavancagem e a oferta de derivados de criptomoedas.

As bolsas desempenham um papel muito importante na indústria, constituindo um mercado para a transação, liquidez e formação do preço das criptomoedas. Note-se, no entanto, que a grande maioria destas *exchanges*, nomeadamente as mais pequenas, especializa-se no serviço de corretagem, enquanto as bolsas de maior dimensão oferecem diversos serviços.

As empresas de *software* de carteiras de criptomoedas são também essenciais, pois é a única forma segura de armazenar, enviar e receber criptomoedas, através da gestão de chaves públicas e privadas criptográficas. Grande parte das *wallets* estão em *open sources*, o que significa que o código base está disponível para externos e permite o diagnóstico de eventuais vulnerabilidades, e oferecem diversos formatos, permitindo interações com utilizadores em diferentes contextos. O formato mais frequente permite o acesso conveniente através de um *smartphone*, existindo diversas *apps* disponíveis.

O sistema de criptomoedas possui uma rede integrada de pagamentos para proceder às transações denominada *native token*. O sector de pagamentos das criptomoedas pode ser organizado em quatro categorias de sistemas de pagamento: os segmentos C2C (*consumer-to-consumer*) e B2B (*business-to-consumer*) são indiscutivelmente os mais utilizados, sendo que o primeiro tem um valor unitário de transações consideravelmente mais reduzido (300 vs. 1000 euros); já os segmentos B2C e C2B têm um nível de utilização consideravelmente mais reduzido.

Finalmente, os críticos «mineiros», que desempenham um papel fundamental no sistema de criptomoedas na medida em que são responsáveis por agrupar as transações não confirmadas em novos «blocos» e adicioná-las ao *ledger* global, colocam à disposição da rede os seus recursos computacionais (*computing power*) para assegurar a validade da blockchain.

O *mining* evoluiu de um simples *hobby* dos primeiros utilizadores, que o faziam a partir dos computadores pessoais, para uma indústria intensiva que usa equipamento com *hardware* especializado. Neste momento, a mineração é um subecossistema dentro da macroestrutura das criptomoedas, podendo ser identificados cinco tipos de intervenientes na atividade de *mining*, descritos na Figura n.º 5.

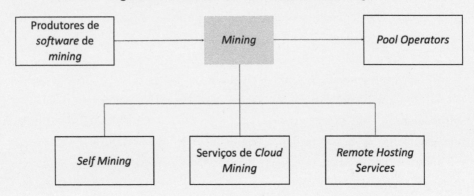

Figura 5: Cadeia de valor da atividade de *mining*

A atividade de mineração pode ser efetuada por indivíduos ou por organizações, que usam o seu próprio equipamento para processar transações. Em troca, recebem uma recompensa (*reward mining*) e comissões de transação (*transaction fees*). As principais empresas de *mining*[2] desenvolvem e mantêm centros de dados e de mineração por todo o mundo.

As *mining pools*, que combinam os recursos computacionais (*hashing power*) de diversos «mineiros» (indivíduos ou empresas) para aumentar a probabilidade e a frequência de identificação de um novo «bloco», tornaram-se atividades profissionalizadas, oferecendo diversos serviços aos utilizadores, cujas recompensas são partilhadas pelos participantes, com base na proporção dos recursos computacionais partilhados. No ano de 2020, mais de metade das *pools* de mineração estava localizada na China (60%), seguida pelos Estados Unidos (20%).

Os serviços de *cloud mining*, por sua vez, oferecem *hashing power*, permitindo aos indivíduos participarem no processo de mineração sem terem necessidade de ter equipamento próprio. As empresas de *software* vão se especializando em customizar estes instrumentos nevrálgicos do processo, cada vez mais difícil e intensivo, de mineração, enquanto os *remote hosting services* oferecem o armazenamento e a manutenção do equipamento de *mining* detido pelos utilizadores.

---

[2] As principais empresas mundiais de *mining* são a Ant Pool (China), BTC.com (China, USA, Europa), Via BTC, BTC.TOP e Slush.com (Globais).

MOEDAS E CRIPTOMOEDAS

A atividade de mineração tornou-se uma verdadeira indústria, justificada pelos proveitos que gera. Em 2019, estima-se que as receitas totais da indústria de *mining* tenham sido de três milhões de euros.

1.8. ICO: O QUE É E COMO FUNCIONA?

O acrónimo ICO significa *Initial Coin Offering* e trata-se de um processo em tudo semelhante ao IPO (*Initial Public Offer*) ou à OPV (Oferta Pública de Venda) — entrada de uma empresa na bolsa de valores, com a dispersão pública do seu capital (sob a forma de ações). No caso da ICO, em vez de se tratar de valores mobiliários, está-se na esfera das criptomoedas.

A ICO é, assim, um meio não regulamentado — não existe nenhuma bolsa de valores para operar e regular estas operações — pelo qual um novo projeto de criptomoeda ou empresa que cria uma nova criptomoeda tenta angariar fundos através da captação pública de recursos.

Do ponto de vista teórico, uma grande vantagem das ICO face às IPO relaciona-se com a maior rapidez e custos menores, pois todo o processo é operacionalizado online. Tudo começa pela apresentação do denominado *whitepaper*, que não é mais do que um completo modelo de negócios, com a sua componente descritiva (técnica e de organização) e o plano financeiro.

Após a disponibilização do *whitepaper*, sucede-se a abertura da oferta inicial, onde é feita uma proposta para a compra de participações na empresa. Quem se interessar por essa proposta pode reservar ou comprar o seu *token* (ou criptomoeda), podendo a forma de pagamento ser efetuada em criptomoedas ou até em dinheiro convencional. Esta fase decorre durante um período previamente estabelecido, findo o qual se dá o encerramento da oferta inicial.

Com o fecho da oferta, o capital obtido é avaliado e a empresa comunica se o valor que pretendia foi atingido. Caso não tenha sido, quem investiu recebe o valor de volta. Finalmente, dá-se a distribuição dos *tokens*. Se o valor esperado for atingido, a oferta inicial termina e os investidores têm acesso aos seus *tokens*.

A expectativa dos investidores é, como em qualquer outro investimento em ativos mobiliários e imobiliários, realizar mais-valias com a evolução futura do preço dos novos *tokens*.

Foi afirmado atrás que a simplicidade e a rapidez são elementos diferenciadores das ICO relativamente às IPO, contudo, no espaço da EU, tal não acontece, na medida em que na circunstância de uma ICO ser dirigida a investidores, por exemplo residentes em Portugal, são equiparados a valores mobiliários na aceção do Código dos Valores Mobiliários, pelo que será aplicável a legislação relevante a nível nacional e comunitário referente às IPO de valores mobiliários.

Deste modo, as ICO, em Portugal, estão sujeitas a um conjunto de regras — que incluem as normas referentes à emissão, representação e transmissão de valores mobiliários; as normas relativas à comercialização de instrumentos financeiros; os requisitos sobre a qualidade da informação; e o regime legislativo relativo ao abuso de mercado — que lhes retira a flexibilidade com que foram pensadas originalmente.

Contudo, esta malha regulatória só se coloca se o objeto da ICO for classificado pela CMVM — Comissão do Mercado de Valores Mobiliários, entidade reguladora do mercado de capitais — como ativo equiparado a ativo mobiliário. E nem todos os criptoativos são considerados valores mobiliários, uma vez que a sua classificação como tal depende de uma análise casuística. O conceito de valor mobiliário constante do artigo 1.º do Código dos Valores Mobiliários é aberto e amplo. Nos seus termos, são também valores mobiliários os valores mobiliários atípicos, sempre que, cumulativamente, se verifiquem os seguintes requisitos (os quais carecem da tal aferição casuística): (1) seja um documento representativo de uma ou mais situações jurídicas de natureza privada e patrimonial (isto é, direitos e deveres); (2) seja comparável com valores mobiliários típicos, tendo em conta a situação jurídica representada.

Para efeitos da comparabilidade atrás referida, deve considerar-se a previsão, nas informações disponibilizadas (nomeadamente, no *whitepaper*), de elementos dos quais possa decorrer uma vinculação do emitente à realização de condutas das quais resulte uma expectativa de retorno para o investidor, como sejam a atribuição do direito a um rendimento (por exemplo, se o criptoativo conferir direito a lucros ou a um juro) ou a prática de atos, por parte do emitente ou entidade relacionada, adequados ao incremento do valor do criptoativo.

Em 2018, com o anúncio da primeira ICO em Portugal, a criptomoeda Bityond, a CMVM procedeu à análise casuística da operação e chegou à conclusão de que não se tratava de um valor mobiliário. A partir do *white-paper*, a CMVM inferiu que o *token* e as condições em que ia ser adquirido pelos «investidores», com a detenção de Bityonds, apenas permitiam participar em sondagens relacionadas com o desenvolvimento da plataforma criada pela Bityond, sendo-lhes ainda possível doar *tokens* à entidade, no sentido de serem desenvolvidas novas funcionalidades. Como tal, a criptomoeda Bityond não foi classificada como um valor mobiliário, ainda que de natureza atípica, pelo que pôde decorrer fora do perímetro de supervisão da CMVM.

Naqueles termos, a intervenção da CMVM passou apenas pela solicitação de que os vários elementos informativos disponibilizados não contivessem linguagem que pudesse indiciar que a criptomoeda Bityond se tratava de um valor mobiliário ou que levasse a confundir o ICO com uma IPO. Nesse sentido, do *whitepaper*, foram excluídas expressões como «investidor», «investimento», «mercado secundário» e «admissão à negociação».

2

BITCOIN: A CRIPTOMOEDA

2.1. O QUE É A BITCOIN?

A bitcoin é a primeira moeda digital *peer-to-peer*, criptomoeda, cujas emissão e transação não dependem de nenhuma autoridade central nem de intermediários financeiros. Isto é, não se depende de bancos, grandes empresas ou governos para se movimentar dinheiro.

No dia 3 de janeiro de 2009, foi minerado o «bloco» Génesis (o primeiro «bloco») da bitcoin. Estava dado o primeiro passo para o início de um mercado que hoje representa muitos milhares de milhões de euros e de um grande desafio: promover a descentralização da política monetária e da forma como as economias se relacionam. Mas tudo nasceu um pouco antes, no dia 31 de outubro de 2008, com a publicação do *paper* «Bitcoin: A Peer-to-Peer Electronic Cash System» por Satoshi Nakamoto[3], um verdadeiro manifesto com uma única crítica fundamental ao sistema financeiro atual: a centralização do poder de decisão sobre o dinheiro, que causa diversas anomalias no mercado e impacta a nossa vida todos os dias.

---

[3] Satoshi Nakamoto é o pseudónimo usado pelo criador da bitcoin, sendo que até hoje não se sabe quem é o génio que está por trás do código que deu origem à primeira criptomoeda. O que sabemos é que no dia 31/10/08 foi publicado o *whitepaper* da bitcoin, um documento a explicar as funções e os motivos para a criação da primeira criptomoeda do mundo.

Figura 6: *Fac-simile* do *abstract* do *paper* fundacional de Satoshi Nakamoto

Bitcoin: A Peer-to-Peer Electronic Cash System

Satoshi Nakamoto
satoshin@gmx.com
www.bitcoin.org

Abstract. A purely peer-to-peer version of electronic cash would allow online payments to be sent directly from one party to another without going through a financial institution. Digital signatures provide part of the solution, but the main benefits are lost if a trusted third party is still required to prevent double-spending. We propose a solution to the double-spending problem using a peer-to-peer network. The network timestamps transactions by hashing them into an ongoing chain of hash-based proof-of-work, forming a record that cannot be changed without redoing the proof-of-work. The longest chain not only serves as proof of the sequence of events witnessed, but proof that it came from the largest pool of CPU power. As long as a majority of CPU power is controlled by nodes that are not cooperating to attack the network, they'll generate the longest chain and outpace attackers. The network itself requires minimal structure. Messages are broadcast on a best effort basis, and nodes can leave and rejoin the network at will, accepting the longest proof-of-work chain as proof of what happened while they were gone.

De facto, a intenção inicial da bitcoin sempre foi ser um meio pagamento simples, rápido, barato, descentralizado e que preservasse a identidade das pessoas que o utilizavam (podendo ser utilizado tanto para o bem quanto para o mal).

Como se viu no capítulo anterior, até à chegada da bitcoin, as transações online necessitavam de um intermediário a conferir confiança à transação: o banco ou uma outra entidade financeira (Visa, PayPal, MasterCard, etc.). Com a bitcoin, o intermediário é completamente erradicado e a confiança é garantida. Na base dessa confiança está a resolução, por parte da bitcoin, do problema do «duplo gasto» (*double-spending*), que impede que a mesma moeda digital seja utilizada para mais de uma transferência/pagamento.

O problema do «duplo gasto» é um caso específico do processamento de transações, sobretudo em redes descentralizadas, ou seja, não controladas por uma entidade única que invalida esse problema. As transações, por definição, devem ou não acontecer. Além disso, deve-se garantir que algumas transações (mas não todas) ocorrem antes ou depois de outras, ou seja, que são sequenciais. Essa sequencialidade dá origem à noção de ordem: as transações acontecem ou não antes ou depois de outras transações.

BITCOIN: A CRIPTOMOEDA

Figura 7: O problema do «duplo gasto»

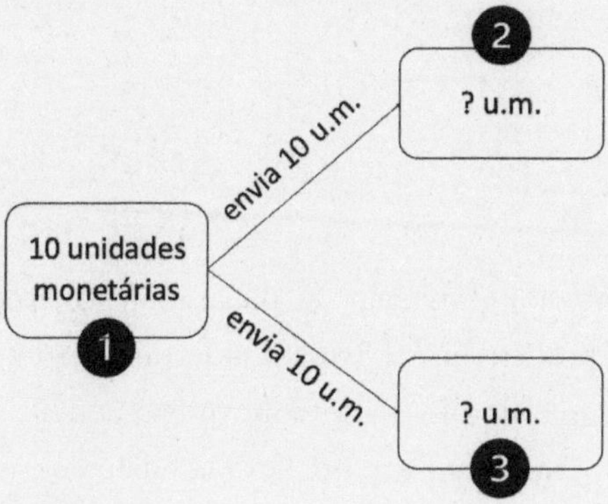

A falta de sequencialidade está precisamente na base do problema do «duplo gasto»: a transferência de dinheiro do indivíduo 1 para o recetor 2, deve acontecer num determinado momento e antes e depois de quaisquer outras transações. Se não for assim, será possível transferir o dinheiro mais do que uma vez através de transações separadas, mas simultâneas.

No nosso dia-a-dia, as transações são normalmente intermediadas pelos bancos. Quando um utilizador entra na sua conta bancária e realiza uma transferência, é o banco que garante que quaisquer operações passadas e futuras são consistentes. Embora o processo possa parecer simples, na verdade, trata-se de um processamento bastante complexo, com procedimentos de compensação (*clearing*)[4] e requisitos de liquidação (*settlement*)[5]. Deste modo, não surpreende que este processo seja mais demorado e caro.

A bitcoin conseguiu resolver o problema do «duplo gasto» através da infraestrutura blockchain[6]. Assim, a bitcoin, além de uma criptomoeda, é também uma

---

[4] Processo pelo qual um banco faz a conferência dos dados das operações com os valores recebidos, liquidando títulos e transferindo fundos. Este processo segue normas rigorosas estabelecidas pelo Sistema de Compensação Interbancária (SICOI) gerido pelo Banco de Portugal. O SICOI é constituído por seis subsistemas, correspondentes aos diferentes instrumentos de pagamento abrangidos: cheques, efeitos comerciais, débitos diretos, transferências a crédito, transferências imediatas e cartões bancários.

[5] Processo que permite a transferência de fundos em tempo real e ininterruptamente todos os dias do ano, através de pagamentos imediatos. O TIPS (*TARGET Instant Payment Settlement Service*) é o serviço de liquidação do Eurosistema.

[6] Conferir o funcionamento da blockchain no Capítulo 3.

rede de transações (bitcoin blockchain), onde se processam exclusivamente as transações da moeda bitcoin.

2.2. QUAIS SÃO AS VANTAGENS DA BITCOIN?

O impacto da bitcoin como sistema de pagamentos é tremendo. Uma vantagem imediatamente percetível é a capacidade de transferir dinheiro em todo o mundo com a mesma simplicidade com que se envia um *e-mail*. Decorre desta simplicidade operacional a redução dos custos na utilização da moeda. Na maioria dos casos, os utilizadores de bitcoin podem usar carteiras que não cobram qualquer taxa/comissão, o que colide com o crescimento exponencial das comissões bancárias pela mera manutenção de uma conta à ordem.

Acresce que as comissões de transações em bitcoin possuem um valor muito baixo, uma vez mais incomparável com as transferências entre bancos nacionais e internacionais ocorridas nos bancos convencionais.

Vantagens:

- Simplicidade
- Custos menores
- Privacidade e proteção dos dados pessoais
- Acessibilidade
- Internacionalização
- Rapidez

Outra vantagem refere-se à forma como se processam compras online. Os pagamentos com cartão de crédito exigem informações detalhadas sobre o pagador, incluindo o endereço da cobrança e o código de três dígitos no verso dos cartões de crédito; o que na prática é equivalente à bitcoin dar as suas chaves privadas de criptografia ao comerciante. A diferença da bitcoin é a sua segurança criptográfica, enquanto as falhas de segurança nos cartões de crédito fazem com que as operadoras continuem a gastar valores muito significativos em indemnizações. Sendo que estes custos são repassados aos comerciantes, que, por sua vez, os repassam aos consumidores e se materializam em preços de bens e serviços mais elevados.

A bitcoin é também um bastião da privacidade, mas não necessariamente do crime, como querem fazer transparecer os detratores. A preocupação da bitcoin passa, sobretudo, pela fundamental necessidade de evitar o acesso aos nossos dados, o que está em linha com a crescente preocupação da União Europeia plasmada na «Carta dos Direitos Fundamentais da UE», que estabelece que

BITCOIN: A CRIPTOMOEDA

todos os cidadãos da UE têm direito à proteção dos seus dados pessoais, e vertida para o Regulamento Geral sobre a Proteção de Dados (RGPD) já transposto para a nossa lei interna.

Uma das principais vantagens do dinheiro digital é que toda a informação enviada numa transação se limita apenas à quantia, remetente e destino. Não são enviados dados pessoais a respeito do remetente nem do beneficiário. Desta forma, a bitcoin foi essencial para reforçar os direitos fundamentais das pessoas na era digital. Através da bitcoin, é bem mais difícil que os dados pessoais fiquem expostos.

Todo o processo na bitcoin é descentralizado, apoiando-se numa rede de base de dados que mantém os registos das transações num modelo *peer-to-peer*. Deste modo, não existe uma empresa/instituição que detenha o controlo sobre a bitcoin ou demais tipos de dinheiro digital.

Estar ao alcance de um maior número de pessoas em todo o mundo é também uma das principais vantagens do dinheiro digital, pois para utilizá-lo só é preciso uma conexão à Internet. E o número de utilizadores de Internet é claramente superior à quantidade de pessoas que investe ou possui conta num banco ou cartão de crédito. A este fator universal e democrático, acresce a propensão internacional da bitcoin, na medida em que não existem barreiras para este tipo de moeda nem taxas de conversão cambiais, pois todas as transações, seja qual for o local de emissão e/ou recepção, são processadas na mesma unidade monetária (bitcoin).

Outra vantagem do dinheiro digital é que também pode ser utilizado como investimento. Aliás, tal como qualquer outra moeda física, também a bitcoin, pelo facto de ter um valor de mercado, pode ser objeto de transacionalidade com fins de investimento.

Todavia, as vantagens enunciadas podiam ser relativizadas face às atuais soluções se não se acrescentasse um fator verdadeiramente de peso: a rapidez das transações. Por exemplo, hoje em dia, dar uma instrução em Portugal, em euros, para pagamento na China, em yuans, demora cerca de três dias úteis; com a bitcoin, que ainda não tem a destreza que se espera que venha a ter num futuro muito próximo, essa mesma transação é processada em cerca de dez minutos!

Em resumo, nenhuma bitcoin é passível de ser confiscada, ademais, pode ser transferida para quem se quiser, pagando taxas/comissões menores. Além disso, é segura e permite uma maior privacidade, controlo e transparência nas negociações. A bitcoin pode ser utilizada também como investimento para quem procura diversificar o seu portfólio, mas, tendo em consideração as características da moeda, trata-se de um investimento de alto-risco-volatilidade.

2.3. COMO FUNCIONA E É CRIADA A BITCOIN?

O sistema bitcoin, ao contrário dos sistemas bancários e de pagamento tradicionais, baseia-se no princípio da confiança descentralizada. Em vez de existir uma autoridade central que aporte essa confiança, na bitcoin, a confiança é como uma propriedade emergente das interações de diferentes participantes no sistema.

Neste capítulo, examinaremos apenas a funcionalidade da bitcoin na perspetiva operacional, ficando para o Capítulo 3, sobre a rede blockchain, a análise mais aprofundada dos procedimentos e protocolos de funcionamento.

Contudo, resumidamente, importa reter que a criptomoeda bitcoin funciona numa rede de «blocos» (blockchain) própria, como um sistema distribuído *peer--to-peer*, onde não há nenhum servidor central ou ponto de controlo. A moeda bitcoin, *per se*, é criada através de um processo denominado de «mineração», que envolve colocar todos os participantes da rede («mineiros») a competirem com o objetivo encontrar soluções para um problema matemático durante o processamento de transações bitcoin, no qual, através do poder de processamento computacional, verificam e registam as transações.

2.3.1. Mineração

Assim, para minerar bitcoins é necessário ter um computador com alta capacidade de processamento, pelo que, perante a complexidade dos problemas matemáticos que a mineração de bitcoins exige, atualmente, já não é possível fazê-lo com um computador pessoal convencional. A mineração com o CPU dos PC domésticos, que podem computar 20 milhões de *hashes* por segundo (MH/s), necessitaria, com essa velocidade, de centenas de milhares de anos, de acordo com as dificuldades colocadas atualmente, para, sequer, encontrar um

BITCOIN: A CRIPTOMOEDA

«bloco». Deste modo, os «mineiros», nos dias de hoje, têm de possuir máquinas feitas especialmente para minerar bitcoin, como as ASIC[7].

O objetivo dos «mineiros» é encontrar uma sequência que torne um «bloco» de transações de bitcoin compatível com o bloco anterior. A bitcoin e outras criptomoedas dependem de dois tipos diferentes de estruturas de dados: transações e «blocos». As transações são agrupadas em «blocos», que, por sua vez, estão encadeados através de *hashes* dos seus predecessores, formando assim uma estrutura de dados autenticada, a blockchain.[8]

As transações e os «blocos» são disseminados entre todos os «nós» participantes, utilizando um protocolo de rede do tipo *peer-to-peer* (P2P). É adicionado um novo «bloco» à blockchain se um «nó» da rede puder fornecer uma «prova de trabalho» (PoW — *Proof-of-Work*) para isso. A PoW age como um mecanismo de defesa contra ataques e fornece uma forma de assinatura sem chave para autenticar novos blocos, bem como a blockchain como um todo. Se um «nó» não considerar um «bloco» válido, então o «bloco» não é adicionado à sua blockchain.

Em suma, a bitcoin pode ser descrita como um sistema distribuído que usa a PoW e uma blockchain como um mecanismo de consenso probabilístico para concordar com o conjunto contido de transações, bem como com o seu pedido. Assim, o sistema garante que todos os pares concordem com o atual *status* de propriedade das bitcoins.

Para realizar esta PoW, o computador dos «mineiros» precisa de efetuar milhares de cálculos por segundo para encontrar a combinação perfeita, daí a necessidade de serem extremamente potentes. A dificuldade em minerar bitcoins é controlada pelo próprio processo de mineração, que acontece da seguinte maneira: de tempos em tempos, em intervalos definidos pelo protocolo, os «mineiros» recebem um cabeçalho com várias informações da rede e dos «blocos» anteriores e aplicam uma função *hash* até encontrarem um número definido pela rede. Funciona como se jogassem um dado com milhares de lados para se achar um número específico. Quanto maior for a rapidez ao

---

[7] ASIC — *Application Specific Integrated Circuit* (circuitos integrados de aplicação específica) é um *chip* criado especificamente para realizar uma tarefa. No caso da bitcoin, os ASIC foram criados para processar *hash* SHA-256 e minerar bitcoins.

[8] Ver Capítulo 3.

jogar o dado, ou o seu poder computacional, mais tentativas se podem fazer num certo prazo e mais rapidamente se obterá o número desejado.

Ao encontrar a sequência compatível, o «mineiro» recebe uma recompensa em bitcoins por cada «bloco» que minerar. Essa retribuição foi criada com a intenção de pagar às pessoas que emprestam poder computacional para manter a rede da bitcoin (blockchain) a funcionar.

A cada dez minutos, em média, um «mineiro» de bitcoin é capaz de validar a transação dos últimos dez minutos e é recompensado com um novo bitcoin. Essencialmente, a mineração bitcoin descentraliza as funções de emissão e compensação de moeda de um banco central e substitui a necessidade destas instituições. O protocolo bitcoin inclui algoritmos integrados que regulam a função de mineração em toda a rede, pelo que a dificuldade da tarefa de processamento que os mineiros devem executar é ajustada dinamicamente, de modo que, em média, alguém a consiga realizar a cada dez minutos, independentemente de quantos «mineiros» estejam a competir e a processar transações a qualquer momento.

2.3.2. Halving

Satoshi Nakamoto, criador da bitcoin, determinou que a cada 210 000 novos «blocos» gerados, alcançados aproximadamente de quatro em quatro anos, a recompensa dada aos «mineiros» seja reduzida em 50%. A este processo é dado o nome de *halving* (metade, em inglês). Por causa do *halving*, o gráfico da curva de oferta de bitcoins possui um formato logarítmico.

Inicialmente, em 2009, a recompensa dada por cada novo «bloco» gerado era de 50 bitcoins, mas caiu para 25 em 2012, 12,5 em 2016 e 6,25 em 2020. Este processo vai-se repetir até alcançar o limite máximo de bitcoins, estipulado em 21 milhões de unidades por Satoshi Nakamoto, de modo a reproduzir a extração de ouro ou outro metal precioso da Terra. O resultado é que o número de bitcoins em circulação acompanha de perto uma curva facilmente previsível que se aproxima dos tais 21 milhões até o ano 2140, data em que será extraído o último *satoshi*[9].

---

[9] Um *satoshi* = 0,00000001 de um bitcoin.

Se a potência de mineração total escalar a um nível bastante elevado, a dificuldade de minerar bitcoins aumentará tanto que encontrar o último *satoshi* será uma empreitada digital consideravelmente desafiadora.

Contudo, quando o último *satoshi* for minerado, a bitcoin não acaba, mantendo os «mineiros» a sua função de introduzir e validar os «blocos» da rede blockchain. No entanto, a remuneração por direcionarem a sua potência de processamento para a verificação das transações consistirá em taxas de serviço, em vez de novas bitcoins mineradas. Isso garante que os «mineiros» ainda terão um incentivo para manter a rede a operar, após a extração do último bitcoin.

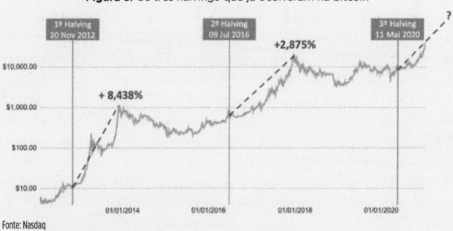

Figura 8: Os três *halvings* que já ocorreram na bitcoin

Fonte: Nasdaq

Finalmente, importa também notar que, devido à diminuição da recompensa causada pelo *halving*, a tendência é que os «mineiros» que possuam máquinas menos eficientes sejam «expulsos» do mercado, pois, a depender da cotação da bitcoin, estas máquinas deixam de ser lucrativas para minerar.

Para os investidores, o *halving* tende a valorizar cada vez mais a bitcoin, se se considerar um cenário *ceteris paribus* e o comportamento desacelerado da curva de oferta, tornando-o cada vez mais escasso e valioso. Decorrente deste facto, é muito provável que a bitcoin continue a bater recordes de valor, mantendo o ciclo de evolução em alta que foi iniciado após o terceiro *halving*.

2.3.3. Custos da mineração

A mineração da bitcoin foi pensada como uma forma de tornar a rede sustentável, sendo necessário, para que a rede funcione, que o poder computacional esteja ligado 24 horas por dia, 365 dias por ano, para confirmar e validar as transações da moeda.

Apesar das compensações indicadas pela mineração, importa não esquecer que os custos que lhe estão associados tendem a crescer, enquanto as bitcoins, por validação das *hashes*, tendem a diminuir devido ao referido *halving*.

Para minerar é necessário ter em atenção os seguintes investimentos geradores de custos: compra de uma «mineradora», manutenção dos equipamentos, consumo de energia elétrica, tempo, a existência de um local climatizado e o pagamento de uma taxa de *pool* pela mineração.

Como referido atrás, hoje em dia é completamente impossível minerar com o CPU do PC doméstico, pelo que a «mineradora» terá de ter imprescindivelmente *chips* ASIC para minerar bitcoins. Outra parte muito importante é o consumo de energia elétrica da «mineradora», que em média consome 1500 watts/dia. Colocando este consumo à escala da mineração mundial de bitcoins, o seu volume/ano supera o consumo de energia realizado em Portugal durante o mesmo período, num astronómico consumo de cerca de 125 terawatts-hora[10] por ano.

Todos os equipamentos eletrónicos se desgastam com o tempo, ainda mais estando ligados 24 horas por dia, motivo pelo qual têm de ser realizadas manutenções periódicas, como limpeza e substituição de peças. Porque as mineradoras produzem muito calor e ruído é crucial que estejam localizadas num espaço climatizado e com isolamento acústico.

Acresce ainda o tempo que tem de ser dispensado a minerar, pois, querendo ou não, tem de se despender tempo para manter a «mineradora» a funcionar bem; não basta ligar o computador e deixá-lo a «fabricar» bitcoins. A seguir indicam-se as principais funções dos «mineiros»:

- Proteger a rede;
- Processar as transações.

---

[10] Um terawatt corresponde a um bilião de watts (1 TW = 1 000 000 000 000 W).

BITCOIN: A CRIPTOMOEDA

Finalmente, com o aumento da popularidade da mineração, o processo tem sido liderado crescentemente por grandes empresas, com ultracomputadores destinados especificamente à mineração de bitcoins. Deste modo, um utilizador comum, mesmo que possua um ótimo computador em casa, muito dificilmente consegue concorrer com estas megaestruturas de «mineiros». A única forma de ultrapassar este obstáculo passa por integrar uma *pool* de «mineiros», que se unem para ganhar escala; mas que também têm um custo de participação, com o pagamento de uma taxa na casa dos 2% sobre os proveitos por esta coletivização.

A mineração de bitcoins é puro processo matemático. Uma analogia útil é a da procura de números primos, cujos primeiros na Grécia Antiga foram simples de encontrar, mas à medida que os menores foram sendo encontrados, ficou cada vez mais difícil encontrar os maiores.

2.4. COMO SE PODE COMPRAR E VENDER BITCOIN?

A mineração de bitcoins é uma forma de adquirir bitcoins, através do sistema de remuneração já referido, pela sustentação da rede efetuada pelos «mineiros». Mas, além da mineração, existe o mercado, onde a bitcoin é transacionada como ativo, podendo, neste caso, também ser vendida e não só comprada.

A operacionalização da compra e venda de bitcoins pode ser efetuada de quatro formas alternativas: através de plataformas de negociação (*exchanges*), diretamente com outras pessoas, vendendo produtos em troca de bitcoins e utilizando *faucets*.

As *exchanges* são sites que reúnem compradores e vendedores num ambiente seguro, no qual as trocas ocorrem de forma anónima. Ou seja, funcionam como espécies de bolsas de bitcoins e são indiscutivelmente a maneira mais segura de se adquirir bitcoins e outras criptomoedas. Nas *exchanges*, é visível de forma transparente o preço de compra e venda, pelo que os compradores e vendedores podem colocar as suas ordens sem terem surpresas quanto aos preços praticados. Se existir alguém disposto a fazer a transação pela quantia e preço da ordem, a compra ou venda é executada automaticamente e os valores são transferidos através da *exchange*. Pelo serviço de intermediação é cobrada uma comissão que varia consoante a *exchange*.

Já existem muitas plataformas que cumprem esta função, e a cada dia surgem novas opções, sendo que, atualmente, as maiores e mais conhecidas são a Coinbase, a LocalBitcoins e a OkEx. A Coinbase é uma das maiores referências de bitcoin do mundo, está disponível nos Estados Unidos, no Canadá, em Singapura, na Austrália e na maioria dos países europeus, incluindo Portugal, e é considerada uma plataforma muito sólida e confiável. A OKEx é, no presente, a maior plataforma de *trade* de bitcoin do mundo.

A opção de comprar diretamente a uma pessoa também existe e pode ser feita de várias formas. Através de um contacto direto e informal pessoalmente, por Facebook, telefone, ... e procede-se à troca: o comprador deposita o contravalor na conta do vendedor e este transfere as bitcoins para a carteira do comprador. Também existem plataformas que ajudam a encontrar as pessoas que querem comprar e vender bitcoins desta forma informal.

Figura 9: Exemplos de plataformas de compra e venda de bitcoins em Portugal

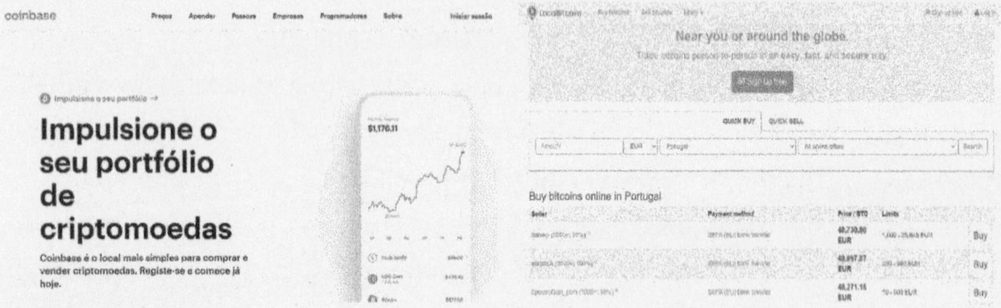

Fontes: Coinbase e LocalBitcoins

O exemplo mais conhecido é o da LocalBitcoins, que é precisamente uma *exchange peer-to-peer*, isto é, os compradores e vendedores podem decidir sobre os termos da negociação e a plataforma é usada apenas como garantia. Está disponível em praticamente todo o mundo, incluindo Portugal, sendo a única opção em muitos países.

Apesar de ser uma forma muito funcional e, à partida, sem intermediação, é neste contexto que acontecem as maiores fraudes, pelo que se torna a forma menos segura e muitas vezes mais cara de comprar ou vender bitcoins.

A terceira forma mencionada para conseguir bitcoins é vender produtos ou serviços e pedir que o seu pagamento seja feito em bitcoins. Para isso, existem diversas ferramentas que estão a tornar este tipo de transação cada vez mais fácil. Existem plataformas, por exemplo, que fazem essa intermediação e permitem que uma pessoa ou uma loja (online ou não) aceite bitcoins. O caso de maior sucesso é a Bitpay.

O recebimento de bitcoins também pode ser feito através do processamento do salário, existindo para o efeito uma plataforma especializada neste serviço, a BitWage. E, como é publicitado no seu site, existem muitas organizações e empresas que utilizam este procedimento com os seus colaboradores (Google, Facebook, Uber, American Express, GE, OMS, Marinha dos Estados Unidos, etc.).

Finalmente, uma nota para falar da forma mais utilizada para obter bitcoins no início da criptomoeda: a utilização de *faucets* para ganhar pequenas quantidades de bitcoins. *Faucet*, na tradução do inglês, é torneira e refere-se, no caso da bitcoin, a um processo de pinga-pinga através de sites onde bastava colocar o endereço onde pretendia armazenar a bitcoin, preencher uma *captcha* e recebia-se frações entre dez e 1000 *satoshis*.

Figura 10: Exemplos de plataformas que permitem o recebimento em bitcoins

Fontes: BitPay e BitWage

Mas esta é uma realidade que ficou no passado, pois os *faucets* já praticamente não funcionam ou demoram uma eternidade a «pingar» valores muitíssimo reduzidos — nos primórdios, chegavam a «pingar» 0,5 a um bitcoin quando a moeda digital valia cêntimos —, a que acresce o facto de estes sites estarem pejados de *scripts* maliciosos.

2.5. COMO SE GUARDA A BITCOIN?

Se comprar bitcoins, é necessária uma carteira para as poder guardar, transferir e aceder-lhes. O meio mais seguro de se fazer isso é através de uma carteira de bitcoins. As *bitcoin wallets* servem para gerir o dinheiro digital.

As carteiras de bitcoin são uma das aplicações mais ativamente desenvolvidas no ecossistema de bitcoin. A competição é intensa. Muitas das carteiras concentram-se em plataformas específicas ou usos específicos e algumas são mais adequadas para iniciantes, enquanto outras estão repletas de recursos para utilizadores avançados.

A escolha de uma carteira é altamente subjetiva e depende do uso e da experiência do utilizador. Portanto, é impossível recomendar uma marca ou projeto específico de carteira. No entanto, pode-se categorizar as carteiras bitcoin de acordo com a plataforma e função:

- *Desktop wallet*: a carteira para os *desktops* foi o primeiro tipo de carteira bitcoin criada como uma implementação de referência. A execução em sistemas operacionais de utilização geral, como Windows e Mac OS, tem certas desvantagens de segurança. A carteira mais utilizada para utilização no PC é a Electrum.
- *Mobile wallet*: uma carteira móvel é o tipo mais comum de carteira bitcoin. Executada em sistemas operacionais de *smartphone*, como o Apple iOS e o Android, estas carteiras costumam ser uma ótima escolha para novos utilizadores. No caso de o sistema operativo ser Android, a carteira mais conhecida e recomendada é a app Bitcoin Wallet; enquanto para o iOS da Apple, a carteira mais conhecida é a Coinomi. A Mycellium funciona nos dois sistemas operativos.
- *Web wallet*: o acesso a estas carteiras é feito por meio de um navegador da web que armazena a carteira do utilizador num servidor de propriedade de terceiros, tal como acontece com o *webmail*. Alguns destes serviços operam com o código do «lado do cliente», executado no navegador do utilizador, que mantém o controlo das chaves bitcoin nas mãos desse utilizador. Não é aconselhável armazenar grandes quantidades de bitcoin em sistemas de terceiros.

BITCOIN: A CRIPTOMOEDA

- *Hardware wallet*: dispositivos que operam uma carteira de bitcoin autónoma e segura em *hardware* específico, sendo operado via USB, com um navegador da web de *desktop*, ou via comunicação de NFC (*near-field-communication*), num dispositivo móvel. Estas carteiras são consideradas muito seguras e adequadas para armazenar grandes quantidades de bitcoin. O mais famoso dispositivo deste tipo é a Ledger Nano S., que tem de ser comprada para ser descarregada.
- *Paper wallet*: as chaves que controlam a bitcoin também podem ser impressas para armazenamento de longo prazo. Estas carteiras têm um reduzido nível de desenvolvimento tecnológico, mas são altamente seguras.

Finalmente, também pode ser criada a própria carteira de bitcoin através do site da blockchain, que está customizado para proceder a essa criação («Produtos» – «Carteira» – «Crie sua carteira»). Após a criação da carteira virtual e a realização de transferências, é importante proceder a medidas de segurança como verificar o *e-mail*, ativar o 2FA[11] e fazer um *backup* da chave privada.

Outra maneira de categorizar as carteiras bitcoin é pelo seu grau de autonomia e pela forma como interagem com a rede bitcoin. Um *full-node client* («nó completo») é um utilizador que armazena todo o histórico das transações bitcoin, gere as carteiras e pode iniciar transações diretamente na rede bitcoin. Um *full-node client* trata de todos os aspectos do protocolo e pode validar, independentemente, a blockchain inteira, bem como qualquer transação.

Em contraposição, um *lightweight client* («cliente leve»), também conhecido como utilizador de verificação de pagamento simples (SPV — *Simple-Payment-Verification*), conecta-se a «nós» completos de bitcoin para aceder às informações das transações, mas armazena a carteira localmente e cria, valida e transmite transações de forma independente (sem um intermediário). Finalmente, um *third-party API client* é aquele que interage com o bitcoin por meio de um sistema de interfaces de programação de aplicativos (API — *Application*

---

[11] A autenticação 2FA (*two factor authentication* ou autenticação de dois fatores) trata-se de um procedimento de segurança muito comum nas transações online, garantindo que são necessários dois fatores únicos para a realização da transação (compra, venda, transferência): (1) a senha do utilizador; (2) autenticação via *token*, impressão digital, reconhecimento facial, código enviado via SMS, entre outros.

Programming Interfaces) de terceiros, em vez de se conectar diretamente à rede bitcoin. A carteira pode ser armazenada pelo utilizador ou por servidores de terceiros, mas todas as transações passam por terceiros.

2.6. COMO NASCEU E TEM EVOLUÍDO A BITCOIN?

A bitcoin nasceu com um contexto, como reação à crise financeira de 2007––2008 e, em particular, à hecatombe da falência do Lehman Brothers, em setembro de 2008. Mas se estes são os marcos históricos, o manifesto publicado por Satoshi Nakamoto tinha como alvo o sistema financeiro que levou a economia mundial àquele *crash*, um regime baseado em dois grandes pilares: (1) monopólio da emissão de moeda por parte do Estado, com leis de circulação legal forçada; e (2) um banco central, responsável por organizar e controlar todo o sistema bancário.

Assim, foi como oposição a este sistema, que é a antítese do funcionamento do livre mercado, que surgiu a bitcoin. Fundado na ideia simples de se criar uma forma de dinheiro eletrónico totalmente descentralizado e *peer-to-peer*, sem a necessidade de um terceiro fiduciário, o sistema desenhado por Satoshi Nakamoto surgia, em 2008, como a materialização da experiência revolucionária no campo financeiro e bancário, face à crescente perda de privacidade financeira, contra as autoridades monetárias centralizadas e opressivas que utilizam a política monetária sem critérios nem sustentabilidade económica e contra os bancos cúmplices e coadjuvantes desse desvario monetário.

Às 18h15 do dia 3 de janeiro de 2009, nascia oficialmente a bitcoin, com a primeira transação da sua história, transmitida à rede por Satoshi Nakamoto e registada no «bloco» génese, acompanhada pela seguinte mensagem: «The Times 03/JAN/2009, Chancellor on Brink of Second Bailout for Banks». Uma clara alusão à instabilidade financeira e ao facto de as soluções que se estavam a encontrar — aumento da emissão de dinheiro a um ritmo nunca antes vistos — não estarem a resultar. Poucos dias após a transmissão do «bloco» génese, era disponibilizada aberta e gratuitamente para *download* a bitcoin v0.1.

No entanto, como sucede com todos os grandes movimentos disruptores, gerou grande desconfiança e foi muto rapidamente remetida para o «caixote» dos panfletos. Até que, por volta de 2011, foi recuperada, mas, infelizmente, pelas piores razões. Como também acontece na maior parte das grandes revoluções, os benefícios criados começam por ser utilizados muito mais de forma negativa do que positiva. E foi isso que aconteceu. A primeira grande aplicação da bitcoin foi no Silk Road, um *marketplace* na *deep web* que vendia, entre muitas coisas, drogas e outros bens ilícitos e onde se passou a poder comprar qualquer coisa usando bitcoins.

Essa utilização fez com que, em 2011, de acordo com um estudo promovido pela Universidade de Sydney, 45% das bitcoins existentes tivessem alguma relação com atividades ilícitas, criando o primeiro grande mito referente ao mercado das criptomoedas, de que estas eram perigosas e usadas apenas na *darknet*. Entretanto, começaram a surgir outras criptomoedas, como a Namecoin, a Litecoin e a XRP, dando início ao mercado das altcoins (ativos alternativos à bitcoin).

Entre 2012 e 2014 pouco se passou, num mercado muito ilíquido e com falhas clamorosas de segurança. Nesse período, a maior empresa que transacionava no mercado de bitcoins, a Mt. Gox, que havia movimentado cerca de 70% de todo o mercado, foi «hackeada», perdendo milhares de bitcoins e colocando o ativo, que já estava com problemas de escalabilidade, numa situação ainda pior.

A criação das ASIC foi, então, decisiva, pois possibilitou um ganho de escalabilidade significativa para a bitcoin e aumentou consideravelmente a segurança, fazendo com que o mercado desse o primeiro passo rumo à sua profissionalização, através da criação de oligopólios por *pools* de mineração e atraindo investidores.

Em 2017, com o início da procura de criptomoedas por parte de investidores institucionais, dá-se a inflexão decisiva para a bitcoin: foi institucionalizada. De seguida, duas das maiores bolsas de *commodities* do mundo — CBOE e CME — mostraram interesse em desenvolver os primeiros instrumentos financeiros para a negociação de bitcoins, focados nos referidos investidores institucionais. No caso da CME, o sucesso foi tanto, que, além de atingir a marca de mais de mil milhões de dólares de volume diário em 2020, se tornou o segundo maior ativo transacionado do mundo em termos de contratos futuros em aberto por mês.

Esses fatores levaram ao desenvolvimento de outros produtos derivados, como opções, e ao aparecimento de concorrentes das plataformas incumbentes apenas focadas exclusivamente em investidores institucionais, como a Bakkt, gerida pelo mesmo grupo que é responsável pela NYSE. Ainda em 2017, a bitcoin atingiu o valor de 20 000 dólares — apesar de um forte *bear market* subsequente —, nunca existindo tanto interesse no mercado de criptomoedas por parte dos maiores investidores do mundo, como ocorreu a partir desse momento.

A partir daí, o sistema financeiro passou a colocar todos os holofotes sobre a bitcoin e as demais criptomoedas, como o demonstra a quantidade de capital aportado por grandes fundos de investimento para a criação de infraestruturas para a custódia de criptoativos (carteiras). Apenas nos últimos três anos, foram investidos mais de 1,2 mil milhões de dólares em empresas gestoras de carteiras para receber investidores institucionais de criptomoedas. É, pois, evidente como o mercado de criptomoedas evoluiu neste período, sendo possível afirmar que existe um novo mercado a partir de 2017.

O mercado das criptomoedas ganhou projeção e notoriedade, não apenas entre os investidores privados, mas também entre os governos. Nos últimos tempos, foi tornada pública a notícia da criação, pelo banco central da China, do yuan eletrónico, estando iminente o aparecimento de outras criptomoedas de bancos centrais (CBDC — *Central Bank Digital Coin*).

O resultado deste crescendo de credibilização, somado ao impacto da pandemia COVID-19, que acelerou a digitalização dos processos, está a ter como consequência a possibilidade real de a bitcoin se constituir também como reserva de valor. Mesmo empresas que chegaram a classificar a bitcoin como uma fraude, caso da PayPal e da JP Morgan, adotaram, entretanto, os criptoativos e fazem projeções positivas sobre a sua consolidação.

3

BLOCKCHAIN

3.1. BLOCKCHAIN, BITCOIN E O PROBLEMA DO «DUPLO GASTO»

O termo «blockchain», originalmente, referia-se apenas à tecnologia subjacente à implementação do protocolo e da rede bitcoin. E nessa medida blockchain e bitcoin estão umbilicalmente ligadas.

O racional dessa ligação encontra-se no principal objetivo que esteve na base na criação da bitcoin: resolver o problema do «duplo gasto», que ocorre sempre que a mesma moeda é utilizada para processar mais do que uma transação. Nakamoto pretendia, com a bitcoin, eliminar a presença inevitável dos intermediários (quase sempre financeiros) nas transações entre partes. A existência dos intermediários financeiros nas transações justifica-se, precisamente, para evitar o problema do «duplo gasto», funcionando como entidade independente que realiza a compensação entre as duas partes e garantindo, dessa forma, que a moeda está a ser utilizada apenas para uma (e só uma) transação.

Com a bitcoin, Nakamoto veio equiparar a moeda digital a um arquivo digital. Isto é, uma entidade que pretenda transferir uma quantia para outra deverá proceder como se estivesse apenas anexar um «arquivo» de dinheiro, tal como acontece no envio de uma mensagem por *e-mail*. Mas essa simplicidade tem um problema. Como acontece com os anexos de um *e-mail*, onde o remetente continua na posse do *e-mail* que envia, também o «arquivo» de dinheiro, após

Figura 11: Bitcoin — *token* e blockchain

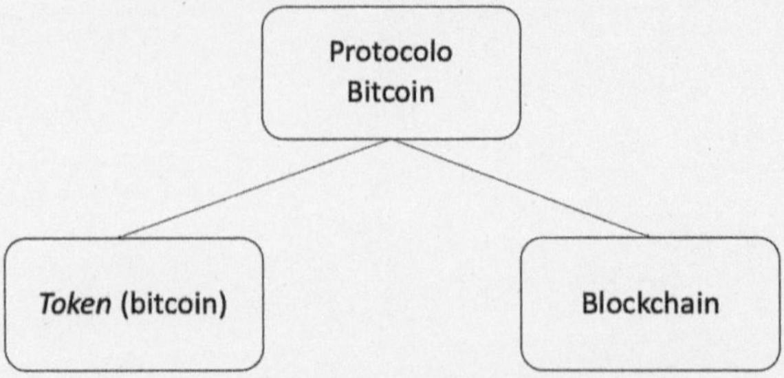

```
                    ┌──────────────┐
                    │  Protocolo   │
                    │   Bitcoin    │
                    └──────┬───────┘
              ┌────────────┴────────────┐
      ┌───────┴────────┐        ┌───────┴────────┐
      │ Token (bitcoin)│        │   Blockchain   │
      └────────────────┘        └────────────────┘
```

o seu envio, continua com o remetente, o que possibilita que este transfira o mesmo «arquivo» para mais de uma pessoa.

A bitcoin resolveu o problema do «duplo gasto» através da blockchain, um tipo de base de dados sob a forma de livro-razão, sem uma autoridade central responsável, onde os encarregados por registar as transferências são os próprios indivíduos que compõem a rede da bitcoin. Ou seja, a forma utilizada pela bitcoin para resolver o problema do «duplo gasto» surgiu a partir da conclusão de que a única maneira de confirmar que não ocorre essa duplicação, sem ser necessário um intermediário, passa por todos os intervenientes estarem permanentemente cientes de todas as transações.

A blockchain regista imutavelmente informações como a quantia de bitcoins (ou outras criptomoedas) transacionadas, quem as enviou, quem as recebeu, quando é que essa transação foi realizada e onde é que, no livro-razão, ela está registada. Este nível de transparência, que é um dos principais atributos da blockchain, elimina os intermediários na sua função de resolver o problema do «duplo gasto». Para que esse nível de transparência seja possível é preciso, por sua vez, que todas as transações sejam publicamente anunciadas e distribuídas, para que os indivíduos confirmem a ordem de recebimento das transações, ordenando-as e incluindo-as no livro-razão, de acordo com a data exata do seu acontecimento.

Mas se a blockchain, como se conhece hoje, nasceu com a bitcoin, atualmente, encontra-se autonomizada da exclusiva realidade desta criptomoeda. De facto, a partir de 2014, o termo blockchain começou a destacar-se do *token* bitcoin e, atualmente, já tem uma amplitude muito maior, referindo-se a uma miríade de tecnologias de registos descentralizados de bases de dados, que são agregados e protegidos através de protocolos de consenso: a denominada tecnologia *Distributed Ledger Technology* (DLT).

3.2. COMO FUNCIONA A TECNOLOGIA BLOCKCHAIN?

A blockchain, como atrás referido, não é mais do que uma base de dados que armazena eletronicamente uma coleção de informações numa rede de computadores, permitindo criar um livro-razão (registo) digital desses dados e partilhá-lo numa rede de utilizadores. O que a diferencia face a uma «normal» base de dados eletrónica é a forma como a informação está estruturada/armazenada: as transações são validadas, sequenciais e imutáveis.

Resumindo, a blockchain incorpora os seguintes conceitos:

- Livro-razão público que contém os registos «contabilísticos» de todas as transações realizadas no sistema, às quais novas páginas são constantemente adicionadas.
- Algoritmo criptográfico, denominado por criptografia assimétrica, utilizado para autorizar transações.
- Rede distribuída de «nós» computadorizados (também conhecidos como «mineiros») que verificam e validam as transações e atualizam o livro-razão público.

Analisemos com maior detalhe cada uma destas características fundamentais.

3.2.1. Livro-razão público

Todos os membros da rede partilham o livro-razão público, a blockchain. Imagine um livro-razão gigante com páginas que registam uma série de transações, onde uma nova página, que contém as últimas transações em bitcoins, é adicionada aproximadamente a cada dez minutos. Este livro-razão gigante está constantemente disponível na Internet e isto é a blockchain.

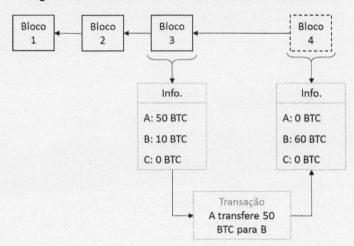

Figura 12: Blockchain como livro-razão de transferências

No contexto da bitcoin, as páginas que compõem o livro-razão são denominadas de «blocos» porque representam eles próprios uma pequena base de dados. A blockchain, composta por muitos «blocos» individuais, está constantemente a crescer em comprimento e abrange todas as transações feitas em bitcoins desde o seu lançamento em janeiro de 2009.

Uma ordem de transferência na blockchain inclui as seguintes informações:

- O endereço bitcoin do remetente, que contém a origem dos fundos para o pagamento;
- O endereço bitcoin do beneficiário (recetor); e
- A quantidade de bitcoins que foram transferidas.

Uma vez que a blockchain possui todo o histórico de transferências ocorridas e associadas ao endereço bitcoin do remetente, os «mineiros», que também gerem a rede, podem validar se o pagador tem os fundos suficientes para processar a transferência.

De facto, a qualquer momento, qualquer pessoa pode ver a quantidade de bitcoins vinculados a um (ou, abstratamente, mantidos num) endereço bitcoin específico. Para o efeito, basta entrar no site «blockchain.com» e introduzir um endereço como, por exemplo, «1GaMmGRxKCNuyymancjmAcu3mvUnVjTVmh».

Carregando em «Pesquisar», será dado o número de bitcoins associados a este endereço. No entanto, como seria de esperar, a identidade do proprietário não é conhecida, a não ser que o próprio forneça essas informações.

3.2.2. Validação das transações

A blockchain é uma arquitetura de computação distribuída na qual cada utilizador que coopera com a estrutura, cedendo poder computacional (os «nós» da rede), executa e regista as mesmas transações que são agrupadas em «blocos». Apenas se pode adicionar um «bloco» de cada vez à blockchain e de forma sequencial.

No fundo, a blockchain armazena as informações/transações em grupos (os «blocos») que têm uma determinada capacidade de armazenamento. Quando essa capacidade é preenchida, os «blocos» são encadeados no «bloco» previamente preenchido, formando uma cadeia de dados («blockchain»). Por sua vez, todas as novas transações que se seguem àquele bloco preenchido e recém-adicionado são colocadas num novo «bloco», que também será adicionado à cadeia, depois de preenchido. E assim sucessivamente. Este sistema cria uma corrente linear irreversível de dados, como se quando o «bloco» é preenchido ficasse gravado na pedra e se tornasse parte de uma linha temporal.

Aliás, para reforço dessa ideia, cada «bloco» na cadeia recebe um carimbo com a data e a hora exatas a que foi adicionado à cadeia. E a cada período de tempo — dez minutos na blockchain —, é formado um novo «bloco» de transações, que se liga ao «bloco» anterior. Isto é, cada «bloco» contém uma prova matemática (*hash*) responsável por certificar que determinado «bloco» segue na sequência do «bloco» anterior.

Em resumo, cada «bloco» possui um *header*, que armazena informações importantes, como a dimensão do «bloco», o momento da sua criação (data//hora), o seu *hash* de identificação, assim como o do seu antecessor, e um conjunto de dados, que normalmente se refere a uma lista de transações.

A ligação entre «blocos» é assegurada por meios criptográficos, pelo que perder ou alterar qualquer um dos dados dentro de qualquer um dos blocos é (quase) impossível: se um bloco for alterado, acidental ou maliciosamente, todos os blocos subsequentemente ligados precisam de ser alterados para cumprir as regras pré-acordadas que determinam como os dados são adicionados ao livro-razão.

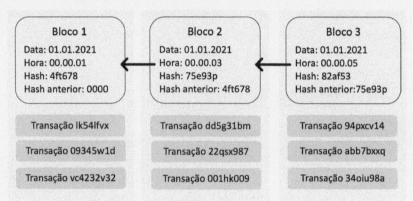

Figura 13: Sequenciação criptográfica dos «blocos»

No caso da bitcoin, o banco de dados distribuído é concebido como uma tabela de saldos relativos aos endereços existentes. Por outras palavras, trata-se de um livro de registo (débitos e créditos) no qual as transações são efetivamente transferências de bitcoins. Desta forma, permite-se a transferência de valores financeiros entre os utilizadores sem a necessidade de um intermediário.

As transações baseiam-se, por sua vez, em dois fundamentos criptográficos: (i) a criptografia das chaves pública e privada para guardar e gastar dinheiro, em que as mensagens criptografadas com uma chave pública podem ser descodificadas somente com a chave privada correspondente e vice-versa; e (ii) a validação criptográfica das transações.

Ou seja, a bitcoin utiliza um sistema de criptografia assimétrica — também conhecido como criptografia de chave pública —, assim chamado porque o algoritmo de criptografia requer um par de chaves, cada uma consistindo numa longa série de dígitos. Uma é pública e controla a operação de descodificação, enquanto a outra, a chave privada, gere a operação de criptografia ou vice-versa.

É fácil para o algoritmo criar uma chave privada e a partir dela gerar a chave pública correspondente. No entanto, determinar uma chave privada a partir da chave pública é computacionalmente impossível, permitindo que a chave pública, como o seu nome indica, seja tornada pública.

Com a chave pública, o beneficiário pode recuperar as informações da transação, permitindo que a transferência de bitcoins seja processada. A Figura n.º 13, a seguir, ilustra conceptualmente o sistema de chave dupla da bitcoin, que fornece parte da base para a operação na blockchain.

Figura 14: Representação de uma encriptação assimétrica

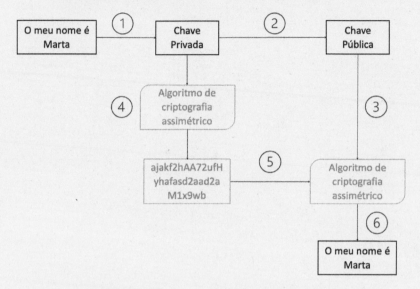

1) A Marta utiliza um algoritmo computacional para gerar a sua chave privada; 2) A partir da sua chave privada é fácil calcular a correspondente chave pública (mas é impossível determinar a chave privada a partir da chave pública); 3) A Marta publica a chave pública; 4) A Marta utiliza a chave privada para encriptar a informação que pretende transmitir na rede; 5) O texto fica cifrado e só a chave pública é que pode recuperar a informação original; 6) O cruzamento das duas chaves confirma que a Marta é a Marta, uma vez que só pode ter sido encriptada com a sua chave privada.

O algoritmo da blockchain permite apenas que o proprietário da chave privada transfira as bitcoins associadas a esse endereço bitcoin. O beneficiário partilha o seu endereço bitcoin com o remetente. Como somente o recetor conhece a chave privada associada ao seu endereço, é o único que poderá aceder, gastar ou transferir essas bitcoins posteriormente.

A sequência anterior pode ser observada ainda com uma maior sequencialidade que faz da moeda electrónica uma cadeia de assinatura digitais através da figura seguinte.

Cada proprietário transfere a moeda para a próxima pessoa, assinando digitalmente um *hash* da transação anterior e uma chave pública do próximo dono e adicionando a estes, a assinatura de sua chave privada que liberta as moedas

Figura 15: Transações como cadeia de assinaturas digitais

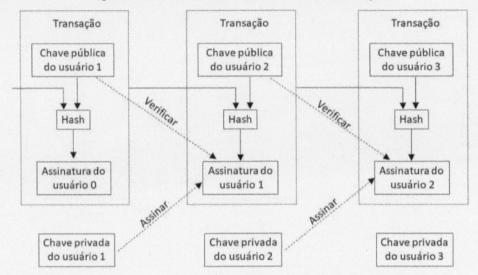

Figura 16: Funcionamento completo de uma transação na blockchain

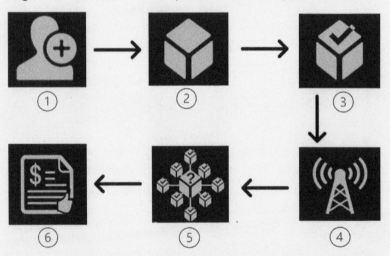

1) O utilizador solicita uma transação; 2) É criado um «bloco» representativo da transação; 3) O «bloco» é difundido para todos os «nós» da rede; 4) Todos os «nós» têm de validar o «bloco» e o estatuto do utilizador através de algoritmos conhecidos; 5) Uma vez verificado, o «bloco» é adicionado à rede blockchain, de forma permanente e inalterável; 6) A transação é executada.

BLOCKCHAIN

para a pessoa que vai recebê-las. A pessoa que recebeu a transação pode verificar as assinaturas para auditar a cadeia de propriedade.

Este sistema permite que o proprietário utilize as suas bitcoins, associadas ao seu endereço bitcoin no livro-razão público, e o livro-razão público (ou seja, a blockchain) será atualizado com uma nova página (ou seja, um «bloco») contendo essa transação. Adicionar esta nova transação à blockchain diz à rede para pagar essas bitcoins ao endereço do beneficiário e as subtrair do endereço bitcoin do remetente.

Exemplifique-se estes fundamentos com o esquema de funcionamento da Figura n.º 15 e aplicando um caso prático, supondo que a empresa Bit SA pretende transferir 100 bitcoins para a empresa Nakamoto SA:

1) A Bit SA publica uma mensagem na rede da bitcoin, indicando que está a transferir as 100 bitcoins e adicionando uma referência criptográfica da transação de onde ela recebeu essas mesmas bitcoins. Parte dessa mensagem é criptografada pela chave privada da Bit SA, para provar que a instrução foi dada por ela, como se fosse uma assinatura num cheque.

2) De seguida, se Nakamoto SA pretender enviar as bitcoins para a Satoshi SA, ela publica uma nova mensagem criptografada com a sua chave privada, indicando que recebeu as suas bitcoins da Bit SA.

3) A blockchain (neste caso da bitcoin), por usa vez, identifica a Bit SA, a Nakamoto SA e a Satoshi SA pelas chaves públicas de cada uma, como se fosse o número da conta.

No fundo, tudo se resume ao seguinte princípio: os dados assinados com a chave privada podem ser verificados utilizando a chave pública. Não há mais nada a fazer. O remetente simplesmente assina dados que dizem: «Sou o proprietário da transação com o ID XXX e envio as 100 bitcoins para a Nakamoto SA». A Nakamoto SA, e qualquer outra pessoa na rede, pode verificar se foi a Bit SA, e só a Bit SA, que escreveu isso. Para tal, só precisam de ter acesso à chave pública da Bit SA, que está disponível na própria transação. É matematicamente garantido que nenhuma chave além da chave privada da Bit SA pode ser usada em conjunto com a chave pública da Bit SA. Então, simplesmente tendo acesso à chave pública da Bit SA, qualquer um pode ver que foi a Bit SA que enviou dinheiro para a Nakamoto SA. E este processo faz da Nakamoto SA o legítimo dono desse dinheiro.

Deste modo, os utilizadores podem apenas ver que um utilizador está a transacionar uma quantia com outro, mas sem vincular essa transação aos nomes dos envolvidos. Todo este processo acontece a cada transação, que vai sendo agrupada dentro de um bloco e cada «bloco» vai-se agrupando aos blocos já existentes, o que forma a blockchain.

3.2.3. *Hash*: a função criptográfica da blockchain

Como vimos no Capítulo 2, os «mineiros» têm um papel fulcral na criação da bitcoin e na gestão de toda a rede. Efetivamente, a blockchain é um sistema descentralizado e, como tal, esta tarefa é partilhada por esse conjunto de «nós» participantes e distribuídos por todo o mundo.

Os «mineiros», os «nós» responsáveis por operar a rede, verificam se as transações são válidas e atualizam a blockchain com novos «blocos» que contêm as transações mais recentes. Aproximadamente a cada dez minutos, um novo «bloco», com a lista das últimas transações, é adicionado. Este processo executado pelos «mineiros» está longe de ser simples e é resolvido pela rede através do conceito de «prova de trabalho».

Contudo, antes de se introduzir este conceito fundamental, importa entender a função *hash*, um conceito criptográfico que serve de base à «prova de trabalho», que se verá a seguir.

O *hash* é o servidor de carimbos de tempo que impede o problema da dupla transação, pois é ele que cria a sequencialidade imutável das operações, formando a tal cadeia ou corrente, com cada carimbo de tempo adicional a reforçar os anteriores e assim sucessivamente.

Figura 17: Função *hash* como servidor de carimbos de tempo

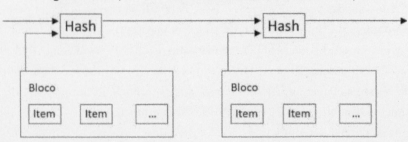

BLOCKCHAIN

Um servidor de carimbos de tempo funciona utilizando a função *hash* de um bloco de itens, que serão carimbados com a data e a hora, e publicando largamente a função *hash*, como se tratasse de um jornal ou um *post*. O carimbo de tempo inclui o carimbo de tempo anterior na sua função *hash*, formando uma espécie de cadeia ou corrente, com cada carimbo de tempo adicional reforçando os anteriores.

O *hash* criptográfico é um algoritmo complexo que executa uma tarefa muito básica: transformar um texto de comprimento arbitrário (um livro inteiro, um documento, uma frase ou mesmo uma única palavra) numa sequência de números de comprimento fixo que parece aleatória. Qualquer coisa como isto:

- *Input*: «A Rita faz anos amanhã e gostava de receber um urso de peluche»;
- *Output* («impressão digital» ou mensagem resumo) após a função *hash*: «dfcd3454bbea788a751a696c24d97009ca992d17».

Ou seja, os resultados de saída são expressos em números hexadecimais. Ao contrário do sistema decimal, que comumente usamos, o sistema hexadecimal tem uma base de 16 símbolos para representar os 16 números no sistema. Os símbolos de «0» a «9» representam os números de «0» a «9» e as letras de «A» a «F» representam os números de «10» a «15». Assim, o hexadecimal «F» representa o número «15». Portanto, o número hexadecimal 5A36 é equivalente a $(5 \times 16^3) + (10 \times 16^2) + (3 \times 16^1) + (6 \times 16^0)$, isto é, no sistema de numeração decimal, igual a 23 094.

Um utilizador da blockchain não tem, no entanto, controlo sobre a mensagem resumo. Logo, é fácil gerar uma «impressão digital», mas é impossível descobrir o texto original a partir da mensagem resumo. Utilizando a analogia da impressão digital humana, dada uma única impressão digital, seria impossível para nós identificarmos a pessoa que a deixou, a não ser que as impressões digitais tivessem sido recolhidas com antecedência.

Atrás referiu-se que todos os «mineiros» podem verificar facilmente se uma solução está correta depois de encontrada, mas encontrá-la é a parte difícil. É por isso que o *hash* criptográfico é ideal para a blockchain. Os «mineiros», nas suas tentativas de resolver um «bloco», têm que reproduzir um padrão específico mostrado pelo conteúdo da mensagem resumo.

Os «mineiros» que procuram a solução, normalmente, precisam de calcular a *hash* milhões de vezes para encontrar o padrão correto, mas, assim que for descoberto, é necessário apenas um único cálculo da *hash*, por parte dos outros «mineiros», para validá-lo.

As funções *hash* são parte do processo que permite aos utilizadores assinar digitalmente um documento ou texto na blockchain. Vários tipos de algoritmos de *hash* foram criados, sendo que a blockchain da bitcoin utiliza dois deles: o SHA-256 para a «prova de trabalho» e o RIPEMD-160 para a criação do endereço bitcoin. A função *hash* é o coração da prova de trabalho, que se vai desenvolver a seguir.

3.2.4. O papel dos «mineiros» e a Prova de trabalho — *Proof-of-Work*

O maior contributo da bitcoin para o universo das criptomoedas foi uma forma descentralizada de ordenar as transações. Antes da bitcoin, foram propostos outros esquemas, como um simples sistema de votação, mas todos sem sucesso. Neste processo em rede descentralizada, a bitcoin resolveu o problema da sequenciação das ordens, através dos «mineiros», que verificam e registam as transações. O «mineiro» só pode adicionar uma transação ao «bloco» se uma maioria simples (50%+1) da rede concordar que aquela transação é legítima e correta, designando-se por consenso da rede blockchain.

Mas a segurança e a confiança não aparecem do nada. No caso da bitcoin, o referido consenso que gera a segurança/confiança é medido através do poder computacional. Isto é, se duas cadeias de «blocos» puderem ser formadas ao mesmo tempo, o impasse só será resolvido quando a rede precisar de escolher uma das cadeias, sendo que, no final, impõe-se a cadeia que tiver a maior quantidade de trabalho afeto — «prova de trabalho» ou *proof-of-work* (PoW).

A PoW pode ser entendida, de forma simples, como uma corrida entre os «mineiros» para descobrir a *hash* SHA-256 do «bloco» que eles estão a tentar criar e que terá uma determinada característica. Como se viu anteriormente, a saída do *hash* é simplesmente um número muito grande expresso hexadecimalmente. O objetivo do «mineiro», o problema a ser resolvido, é gerar uma saída de *hash* inferior a um determinado valor, sendo que o primeiro «mineiro» a calcular esse valor vence e a sua versão do «bloco», uma vez validada pelos outros «nós», será adicionada à blockchain.

A título de exemplo, imagine-se que o *hash* de saída pretendido é um número entre 0 e 1 000 000 e que o primeiro «mineiro» a obter um *hash* de saída inferior a 10 000 vence. Os 10 000 funcionam como limite, sendo que o número dentro do «bloco» que é testado em relação ao valor limite é denominado *nonce*. Cada «mineiro» incrementa o seu *nonce* as vezes que forem necessárias até que o *hash* de saída para o seu «bloco» esteja abaixo do limite definido (no exemplo,10 000).

Quando um «mineiro» descobre o *nonce* com o *hash* de saída correto, o «bloco» é transmitido e os outros «mineiros» verificam-no, aceitam-no e começam a trabalhar no próximo «bloco». Ou seja, a blockchain funciona como um jogo de sorte-e-azar contínuo que reinicia a cada dez minutos.

Figura 18: Exemplo do PoW

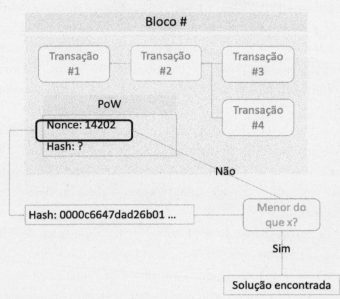

Os «nós» competem entre eles para resolver o problema matemático que permite encontrar o nonce que satisfaça os requisitos do hash do «bloco». Quando o nonce é encontrado, a transferência é inserida no «bloco» correspondente e integrada na blockchain. Caso contrário, os «nós» continuam a tentar variações do nonce, que geram hashs distintas, até o problema ser solucionado.

É esta PoW que resolve efetivamente o problema do «duplo gasto». Atente--se no seguinte exemplo em que um «nó» malicioso (A) pretende transferir duas vezes 50 bitcoins, tentando criar duas transações diferentes ao mesmo tempo, uma enviando dinheiro para B e outra para C. Depois de A transmitir ambas as transações para a rede, cada «nó» que trabalha na criação de «blocos» (que pode incluir o próprio «nó» A) vai notar que duas transações incompatíveis fazem parte do mesmo «bloco» e todos vão descartar uma, sendo livres para escolher qual delas descartar. Após colocarem as transações na ordem que escolheram, cada «nó» começa a resolver o puzzle de encontrar um *hash* para o «bloco» que se adeque às condições definidas pelo protocolo. Uma condição simples poderia ser: «encontrar um *hash* para este "bloco" com três zeros iniciais». Para aferir sobre possíveis soluções para este problema, o «bloco» contém um campo variável especial conhecido como *nonce*.

Cada «nó» deve interagir quantas vezes for necessário, até que um «nó» crie o «bloco» com o *hash* que se adeque às condições estabelecidas pelo protocolo (três zeros iniciais). Uma vez que cada mudança no *nonce* resulta, basicamente, numa saída aleatória para uma função de *hash* criptograficamente segura, encontrar o *nonce* é um jogo de sorte e azar e só pode ser acelerado pelo aumento do poder de computação (contudo, um «nó» menos poderoso pode encontrar a solução antes de um «nó» mais poderoso, devido à aleatoriedade do problema).

É este trabalho massivo de computação que assegura que havendo um «nó» malicioso, mesmo que esse controle um terceiro (por exemplo, E), qualquer outro «nó» na rede ainda terá a possibilidade de encontrar um «bloco» válido diferente. Ou seja, este esquema dificulta que os «nós» maliciosos assumam o controlo da rede.

O processo PoW consiste, assim, num problema matemático de difícil resolução computacional que, no entanto, quando o resultado é obtido, é de fácil verificação. O problema tem um elevado nível de dificuldade de resolução para evitar a ação dos agentes mal-intencionados que possam comprometer o registo das transações e uma fácil verificação para facilitar o trabalho de validação da «prova de trabalho».

Além da dificuldade envolvida na resolução desse problema, os «nós» competem entre si simultaneamente para ver quem chega primeiro ao resultado, existindo, por esse motivo, muitas opções de resposta elaboradas pelos «nós».

BLOCKCHAIN

A escolha do melhor trabalho é feita pelos próprios «nós», com base no trabalho do «nó» que conseguiu resolver mais puzzles e, assim, criar a maior cadeia de blocos sistematizada, o que representa o maior esforço investido.

Para incentivar os «mineiros» a participar na rede, a competir entre si e a ultrapassar, com poder computacional, os problemas criptográficos, bem como para os motivar a gastar tempo e energia computacional na resolução dos referidos problemas matemáticos, existem compensações de duas naturezas.

No caso da bitcoin e de outras criptomoedas, existem dois incentivos principais. O primeiro passa pela recompensa via bitcoins (ou demais criptomoedas) dos «nós» que criem novos «blocos» a partir da resolução do PoW; ou seja, o responsável por criar o «bloco» aceite pela maioria dos «nós» receberá bitcoins recém-criados em troca.

Já a segunda forma de recompensa passa pelo recebimento de uma taxa/ /comissão, que pode ser paga pelo emissor ou recetor da transação, por parte daquele que chegar ao resultado da «prova de trabalho». Apesar de esta taxa ser opcional, a verdade é que a grande maioria das transações inclui este prémio.

3.2.5. Estrutura da blockchain: os *forks*

A partir do conceito PoW pode-se arriscar uma definição mais completa de blockchain, como sendo uma base de dados de transações verificável que transporta uma lista ordenada de todas as transações que ocorreram. As transações são armazenadas em «blocos». A criação de «blocos» é uma tarefa computacionalmente intensiva. A dificuldade de criar um «bloco» válido obriga qualquer interveniente («nó») a afetar uma certa quantidade de trabalho (PoW), o que garante que utilizadores maliciosos, numa rede suficientemente grande, não podem enganar facilmente os utilizadores honestos. Cada «bloco» na rede aponta para o «bloco» anterior, criando uma cadeia de «blocos». Quanto mais tempo um «bloco» estiver na blockchain (quanto mais longe estiver do último «bloco»), menor é a probabilidade de alguma vez ser removido. Por outras palavras, quanto mais velho o «bloco», mais seguro é.

Um pormenor importante que sai do que se afirmou atrás é o que acontece quando dois «nós» diferentes encontram «blocos» diferentes, mas válidos ao mesmo tempo. De certa forma, isto parece ser o mesmo problema que as

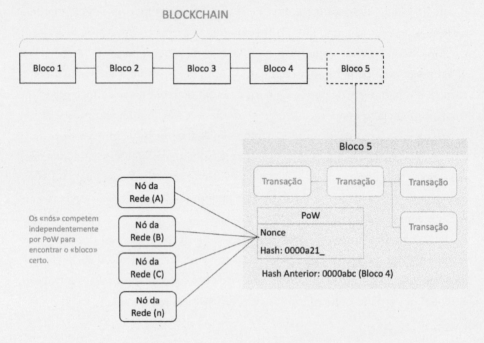

Figura 19: Estrutura completa da blockchain

transações tinham inicialmente: qual escolher? Em contraste com as transações, o sistema de PoW necessário para cada «bloco» permite encontrar uma solução conveniente: uma vez que cada «bloco» requer uma certa quantidade de trabalho, é natural que a única blockchain válida seja a que tem mais blocos.

Assim, se o sistema de «prova de trabalho» funcionar, porque cada «bloco» exige uma certa quantidade de trabalho (e tempo), o conjunto mais longo de «blocos» válidos é o mais difícil de quebrar. Se um «nó» malicioso (ou um grupo de «nós») tentasse criar um conjunto diferente de blocos válidos, teria sempre de refazer um maior número de «blocos» (porque cada bloco aponta para o anterior, mudar um bloco força uma mudança em todos os blocos depois). Esta é a razão pela qual grupos maliciosos de «nós» precisam de controlar os tais mais de 50% do poder computacional da rede para realmente realizar qualquer ataque. Menos do que isso, o resto da rede criará uma blockchain mais longa de forma mais rápida.

BLOCKCHAIN

Figura 20: Blockchain *forks*

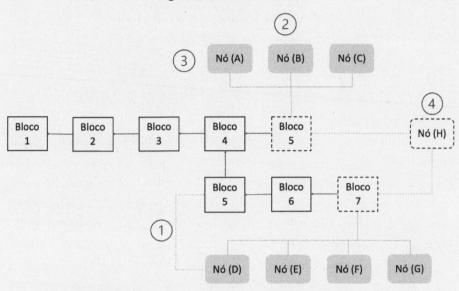

1) O Bloco 5 é encontrado pelo Nó (D), através do seu PoW, e integrado na blockchain; os Nós (E, F, G) veem o Bloco 5 e assumem de imediato essa estrutura da blockchain; 2) Os Nós (A, B, C) não veem o Bloco 5 encontrado por 5, nem sequer o Bloco 6; 3) Mas mal os Nós (A, B, C) «veem» a outra blockchain, que é mais longa do que aquela onde estão a trabalhar, descartam o seu Bloco 5 (apesar do trabalho afeto), até porque a blockchain já está construir o Bloco 7; 4) Se entretanto um Nó novo se juntar à rede (H) e vir as duas correntes, sabe que a válida é a mais longa.

Os «blocos» que são validados, mas que encontram o seu caminho em *forks* mais curtos da blockchain, são descartados se uma versão mais longa da blockchain for calculada por outros «nós». As transações nos «blocos» descartados são novamente enviadas para o conjunto de transações que aguardam a inclusão em «blocos» futuros. Isto faz com que novas transações permaneçam num estado «não confirmado» até encontrarem o seu caminho para a maior blockchain possível. Os «nós» recebem periodicamente versões mais recentes da blockchain de outros «nós».

Deste modo, é perfeitamente possível que a rede tenha uma derivação se um número suficientemente grande de «nós» for desligado ao mesmo tempo da outra parte da rede. Se isso acontecer, cada *fork* continuará a criar «blocos» isolados dos outros. Se as redes se fundirem novamente no futuro, os «nós» compararão as diferentes versões das blockchains e escolherão a mais longa. O ramo com maior poder computacional vencerá sempre.

3.3. QUAIS SÃO AS PRINCIPAIS VANTAGENS DA TECNOLOGIA BLOCKCHAIN?

A blockchain tem duas características principais: confiança e descentralização. Em primeiro lugar, traz confiança a todas as partes onde esta não existe, até porque todas as partes se podem desconhecer. Na verdade, os sistemas baseados em blockchain garantem maior transparência, ao disponibilizar informações a todos os participantes da rede, mas também aproveitam a criptografia e a validação de pares de transações para garantirem a integridade dos dados e a imutabilidade dos registos. Em segundo lugar, os sistemas baseados na blockchain são totalmente distribuídos, sendo a confiabilidade do sistema assegurada por esse armazenamento dos dados em nós independentes entre si.

Estas duas características principais da blockchain estão, em última análise, interconectadas, pois os mecanismos para construir a confiança são necessários para a criação de uma rede descentralizada, e a descentralização fornece os meios para os utilizadores se envolverem na rede, estabelecendo a base para um mecanismo de consenso.

A rede é constituída por inúmeras partes — os «nós» — ,que são independentes entre si, e, utilizando a ciência criptográfica, permite que cada participante faça a gestão desse livro-razão de forma segura, sem a necessidade de uma autoridade central fazer cumprir as regras. Como vimos aquando da abordagem das criptomoedas, a sua característica descentralizada —remoção

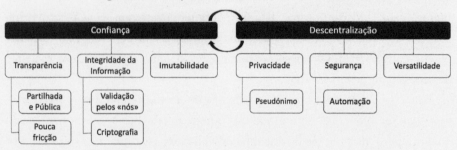

Figura 21: Principais características da blockchain

da autoridade central da estrutura do banco de dados — é um dos seus aspectos mais importantes e poderosos. Essa característica é-lhe conferida pela blockchain.

Além do registo e armazenamento, a blockchain garante que esses registos sejam permanentes, formando um histórico que não é passível de alteração. Ou melhor, só é possível ser modificado se a tal maioria (50%+1) dos participantes na rede concordar em alterar as informações. Algo que é praticamente impossível de acontecer dada a dimensão e globalização da rede. Contudo, mesmo que através de um ataque fosse tentado, tal exigiria uma imensa quantidade de dinheiro e recursos, pois era necessário refazer todos os blocos, com diferentes carimbos de data/hora e códigos *hash*.

No caso das criptomoedas mais conhecidas, com a bitcoin à cabeça, com o tamanho da rede e ao ritmo a que está a crescer, o custo para realizar tal façanha seria incalculável e, provavelmente, infrutífero, uma vez que os membros da rede observariam alterações drásticas na blockchain e migrariam de imediato para uma nova versão da cadeia que não fosse afetada.

Apesar da dificuldade, a possibilidade prática de alterações à rede deve funcionar como critério de seleção das criptomoedas, pois as mais asseguradas serão sempre aquelas que impossibilitem, pela dimensão e dispersão, qualquer conluio na comunidade da rede blockchain dessa criptomoeda.

Do ponto de vista preventivo de erros, dado que nesta rede cada «nó» tem um registo completo dos dados que foram armazenados na blockchain desde o seu início, caso um «nó» tenha um erro nos seus dados, pode usar os milhares de outros «nós» como ponto de referência para fazer a correção. Note-se, ainda, que entre redes blockchain existem diferentes protocolos sobre como o processo de aceitação/validação das transações deve ser efetuado, o que implica a não coexistência, numa mesma rede, de diferentes criptomoedas.

A inter-relação das duas características fecha-se no conceito de «protocolo de consenso distribuído». É a natureza do protocolo de consenso que garante a segurança e a confiabilidade do sistema, assegurando que nada de mal vai acontecer durante a execução da transação, ou seja, não ocorrerá nenhuma duplicação ou corrupção de um estado validado anteriormente.

Mas se a descentralização é uma característica fundamental para as criptomoedas, a blockchain não tem, por definição, de ser uma rede de computação descentralizada. Isto é, existem redes blockchain centralizadas, onde os dados são armazenados num único computador/servidor, e distribuídas, em que cada «nó» da rede possui uma cópia de todos os dados.

Na base de dados centralizada, como o próprio nome indica, o modelo oferece ao detentor do servidor, onde são mantidos e processados os dados, um grande domínio sobre as informações registadas, por isso é necessário ter muita confiança nessa entidade responsável.

As redes centralizadas são relativamente simples de serem criadas e geridas, tendo sido, e sendo ainda, largamente utilizadas; porém, dada a enorme quantidade de dados produzidos e armazenados atualmente, outros modelos têm vindo a ganhar espaço, até porque este paradigma apresenta várias limitações. Desde logo, as bases centralizadas possuem recursos finitos, consequentemente, a capacidade de armazenamento e de tráfego é limitada, o que restringe a sua expansão, a que acresce a menor resiliência, pois como os pedidos de acesso recaem sobre um único servidor, uma grande quantidade de pedidos pode sobrecarregá-lo e fazer com que ele deixe de responder, tornando os dados temporariamente inacessíveis.

Figura 22: Tipos de redes blockchain

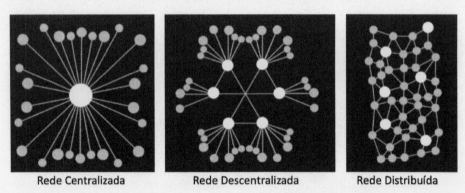

Rede Centralizada   Rede Descentralizada   Rede Distribuída

No que concerne à segurança, como existe apenas um único ponto de vulnerabilidade bem identificado, facilita ataques de *hackers* maliciosos e, caso a base de dados seja perdida por algum motivo, não há nenhuma cópia para recuperar as informações. Ademais, qualquer utilizador com acesso ao servidor central pode adicionar, remover ou alterar qualquer dado.

Por sua vez, nas redes descentralizadas, o objetivo passa por otimizar o processamento de dados, dividindo-o entre os diversos servidores conectados entre si, o que possibilita a partilha dos recursos e torna o acesso mais eficiente. Comparando-a com o modelo centralizado, a descentralização ganha em toda a linha: em escalabilidade, pois, com mais servidores, há um aumento dos recursos e da capacidade total, havendo, consequentemente, um limite bem maior de armazenamento e tráfego; em resiliência, porque todos os pedidos de edição, exclusão ou adição de dados são divididos entre os diversos servidores da rede, o que significa que qualquer quantidade de solicitações pode ser tratada a todo o momento, diminuindo muito a possibilidade de uma sobrecarga; e, finalmente, é também um modelo mais seguro, pois não depende de um único servidor e os ataques de *hackers* às bases descentralizadas precisam de ser mais complexos e são consideravelmente mais caros.

Paralelamente, nas redes distribuídas, o objetivo passa por otimizar o processamento de dados, dividindo-o entre os diversos servidores conectados entre si, o que possibilita o compartilhamento dos recursos e torna o acesso mais eficiente. Deste modo, tem níveis de escalabilidade, resiliência e segurança muito semelhantes ao modelo descentralizado.

Em conclusão, toda esta infraestrutura é crucial para garantir a confiança entre todas as partes envolvidas. E a blockchain dá uma resposta cabal com o processo descentralizado e criptografado.

Até agora, este problema da confiança tem sido resolvido através de grandes monopólios que têm um forte ativo reputacional: Amazon, eBay, Alibaba, etc. No entanto, estes intermediários cobram taxas significativas e têm lucros gigantescos, além de imporem os seus próprios limites e controlos sobre o quê e como as pessoas podem negociar, limitando, portanto, gravemente a nossa liberdade e os nossos direitos à livre troca e ao livre comércio.

Por isso, ao resolver o problema da confiança sem a necessidade de um terceiro ou de um intermediário centralizado, a blockchain pode reduzir os custos para o consumidor final, além de aumentar a liberdade para que os negócios sejam geridos da maneira que as pessoas assim o entendam.

O protocolo de consenso depende fortemente da variável tempo. Está provado que se os «nós» não tiverem limites de tempo para validarem o «bloco» e o enviarem para os outros «nós», existe sempre a possibilidade de o sistema não convergir para o consenso. Isto porque não existe forma de se saber se tal se deve a qualquer falha no processo, a um processamento lento ou à latência da rede. A esta dessincronização chama-se *FLP Impossibility Proof*.

Como resultado, pode-se concluir que: num ambiente sincronizado, é possível encontrar soluções que garantam o consenso, desde que o número de falhas seja inferior ao nível de resiliência que o protocolo de consenso foi projetado para tolerar. No entanto, num ambiente assíncrono, não é possível encontrar uma solução que garanta o consenso, mesmo com uma única falha.

Em resumo, as características intrínsecas da blockchain permitem identificar um conjunto de benefícios que podem ser, desde já, alcançados:

- Desintermediação e transferências com confiança: a blockchain pode reduzir ou, no limite, eliminar a dependência de intermediários financeiros, que o único que trazem atualmente ao serviço de transferências e pagamentos é o fornecimento de «confiança»;
- Informação protegida e de alta qualidade: a partir do momento em que o registo é armazenado na blockchain, não pode ser alterado;
- Transparência e imutabilidade: os livros-razão estão disponíveis para todos os «nós» da rede, de forma que cada participante possa ver todas as transações que ocorreram na rede e ninguém consiga alterar uma transação;
- Simplificação do ecossistema: a rede opera com mais facilidade do que um sistema centralizado, que possui mais intermediários durante os processos, tornando as operações menos sujeitas a erros manuais e reduzindo o risco de manipulação;
- Integridade do processo: pode-se rastrear qualquer ativo desde a primeira transação até a última e fazer o mesmo trabalho na direção oposta, possibilitando visualizar todo o histórico do ativo específico;
- Atualizações rápidas e em tempo real: as tarefas são todas automáticas, podendo-se, assim, aumentar a velocidade numa ampla gama de processos de negócios;
- Custos de transação menores: não é necessário pagar um terceiro fiduciário para executar qualquer transação e requer menos intermediários, portanto, reduzirá os custos.

3.4. A BLOCKCHAIN É INFALÍVEL?

Todos os protocolos de consenso são concebidos para ajudar o sistema de «nós» a chegar a um acordo sobre um único valor. No entanto, quando os «nós» não se comportam da forma que se espera, o sistema deixa de operar. Existem dois tipos principais de falhas às quais importa estar atento: *fail-stop* e *falha bizantina*.

A *falha bizantina*[12] refere-se à superclasse de todas as falhas, que inclui as falhas maliciosas, onde os resultados podem ser arbitrários devido à corrupção de dados, a erros de código, ao conluio entre «nós» e a outras formas de ataque. Um sistema de computador confiável deve ser capaz de lidar com a falha de um ou mais dos seus componentes.

As soluções concebidas para solucionar as *falhas bizantinas* são conhecidas como sistemas *Byzantine Fault Tolerance* (BFT). A abordagem tradicional para resolver a *falha bizantina* envolve o uso da *State Machine Replication*. Uma implementação popular desta técnica, denominada Practical Byzantine Fault Tolerance (PBFT), foi introduzida por Castro e Liskov em 1999. Como os sistemas BFT são muito caros, só são aplicados em sistemas com elevada criticidade em tempo real, onde as *falhas bizantinas* podem resultar em perdas muito dispendiosas (por exemplo, aeronaves, submarinos, naves espaciais, etc.); o PBFT veio mostrar que existe uma solução mais convencional, através da Internet, com um desempenho aceitável e capaz de garantir uma segurança de 33%.

A blockchain da bitcoin foi criada especificamente para resolver *falhas bizantinas*. A *Proof-of-Work* (PoW) da bitcoin exige 50% de «nós» corruptos para que a rede seja subvertida (também conhecido como «ataque de 51%»), o que, devido à escala total da bitcoin, revela como a resiliência é suficientemente robusta. E a prática assim o tem demonstrado. Desde a bitcoin, vários tipos de PoW, protocolos híbridos de consenso inspirados nos *token* da blockchain, foram desenvolvidos; por exemplo: a BitShares criou o primeiro protocolo de consenso de *Proof-of-Stake* (PoS); o Tendermint é um protocolo de consenso

---

[12] Um componente com falha pode exibir um tipo de comportamento que muitas vezes é esquecido — ou seja, enviar informações conflitantes para diferentes partes do sistema. O problema de lidar com este tipo de falha é expresso abstratamente como o Problema dos Generais Bizantinos.

BFT que combina o protocolo PoS com o algoritmo DLS, que pressupõe uma sincronização parcial da rede; o Hyperleadger é um protocolo de consenso BFT que combina o PBFT com a blockchain; o algoritmo de consenso do protocolo de Ripple (RPCA), um protocolo de consenso BFT que não depende do design da blockchain, tem uma resiliência de 20%, mas fornece uma garantia de segurança forte.

Por sua vez, as falhas *fail-stop* correspondem a problemas mais básicos, sendo menos difíceis de resolver porque são relativamente fáceis de detetar. Este tipo de falha não inclui a falha de corrupção de dados ou o conluio de «nós», pois estas enquadram-se na categoria bizantina.

Paxos é o protocolo de consenso mais estabelecido para este tipo de falhas. Trata-se de um protocolo de consenso, desenvolvido há mais de 15 anos, que é baseado em líderes e notoriamente complexo de implementar, uma vez que foi projetado para lidar com todos os casos de falhas não bizantinas. A Paxos garante sempre a segurança, o que significa que irá, sem exceção, convergir para um valor que acabará por chegar a todos os «nós». No entanto, nos sistemas assíncronos, a Paxos não pode garantir que continuará a progredir com mais de 50% de falhas. Esta infraestrutura é utilizada, por exemplo, pela Google e pela Microsoft.

O RAFT é um protocolo de consenso mais recente, também baseado em líderes, que está a ganhar popularidade devido à sua implementação mais simples e por ter menos partes móveis do que a Paxos. Uma das principais diferenças está no processo de seleção de líderes. O RAFT seleciona os líderes apenas entre os servidores recentes, enquanto o Paxos permite a seleção de líderes em todos os «nós».

Dito tudo isto, importa sublinhar sempre o fator humano. O código criptográfico é escrito por pessoas e elas podem cometer erros. E se esse código for colocado na blockchain, não pode ser alterado. Um exemplo de erro humano é o *TheDAO*. O *TheDAO* foi um projeto de organização autónoma descentralizada, lançado na rede ethereum em meados de 2016, para ser um fundo de investimentos em projetos inovadores controlado de forma inteiramente autónoma. No entanto, um ataque *hacker*, que explorou especificamente erros dos desenvolvedores do código criptográfico, levou ao desaparecimento, em minutos, de cerca de 50 milhões de dólares, perante os olhos dos promotores e sem que estes pudessem fazer nada.

3.5. A TECNOLOGIA BLOCKCHAIN APLICA-SE ALÉM DAS CRIPTOMOEDAS?

A tecnologia blockchain, apesar de ter sido criada e, sobretudo, desenvolvida com o advento das criptomoedas, desde então, tem-se vindo a expandir rapidamente além desse foco e também para lá da indústria financeira. Decorrente deste facto, a blockchain divide-se em três gerações diferentes: blockchain 1.0, 2.0 e 3.0.

A blockchain 1.0 refere-se ao seu desenvolvimento associado às criptomoedas, em aplicações relacionadas com dinheiro, como transferências, remessas e sistemas de pagamento digital. A blockchain 2.0 trata da sua intervenção nos contratos e da inteira gama de aplicações financeiras que utiliza a blockchain de uma forma mais extensa do que simplesmente para a realização de transações. E, finalmente, a blockchain 3.0 aborda todas as suas aplicações para lá da economia e das finanças, como a organização funcional de entidades (empresas, governos, etc.), saúde, ciência, literatura e arte.

3.5.1. Blockchain 1.0

A primeira geração da blockchain está associada ao aparecimento das criptomoedas e das respetivas aplicações de pagamento/transações. Portanto, moedas e pagamentos são a primeira e mais óbvia aplicação da blockchain, sendo o principal incentivo para a sua utilização a redução dos custos de transação, relativamente às outras opções no mercado.

Veja-se o caso do sistema de pagamentos de retalho atualmente existente, que agrega todos aqueles pagamentos de baixo valor que se efetuam numa base diária, para aferir como a blockchain pode ser completamente disruptiva em termos de custos e rapidez, mantendo os critérios de segurança.

Este sistema de pagamentos é crucial em qualquer economia, pois é ele que permite que os consumidores e as empresas transacionem bens e serviços de forma rápida, segura e eficaz entre si, como sejam, a aquisição de bens e serviços, o pagamento de faturas, o processamento de salários, os pagamentos aos Estado, entre outros. Em Portugal, foram processados 2541 milhões de operações de pagamentos de retalho no ano de 2019, no montante de 417 mil milhões de euros, ou seja, mais de duas vezes o PIB nacional. É neste contexto que se enquadra o potencial de intensificação da concorrência e inovação que a blockchain representa.

Na sua forma mais simples, um pagamento envolve a transferência de fundos de uma conta no banco do «ordenante» para uma conta no banco do «beneficiário». O beneficiário recebe a autorização do pagamento após a confirmação da disponibilidade de fundos na conta do ordenante. Os bancos estão ligados entre si através de um sistema de liquidação e compensação, que apura a posição líquida de cada banco relativamente a um dado período, para, subsequentemente, creditar ou debitar as contas de pagamento em cada banco.

Para que estes pagamentos possam ser efetuados, são necessários uma infraestrutura técnica e um conjunto de regras que permitam aos consumidores, às empresas e ao Estado transacionarem entre si. Em Portugal, a infraestrutura que permite a liquidação e compensação de pagamentos é o Sistema de Compensação Interbancária (SICOI), a cargo do Banco de Portugal. Os saldos de pagamentos de retalho são posteriormente apurados e processados pelo TARGET2-PT — a componente portuguesa do Sistema de Liquidação por Bruto em Tempo Real do Eurosistema —, onde são processadas e liquidadas, em moeda de banco central, as ordens de pagamento

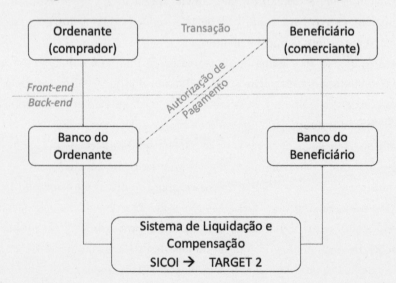

Figura 23: Sistema de pagamentos de retalho em Portugal

BLOCKCHAIN

de grande valor em euros. O Banco de Portugal é a instituição que autoriza a participação no SICOI, podendo nele participar apenas os bancos e outras entidades similares (caixas económicas, caixas de crédito agrícola mútuo, etc.). A participação direta implica a abertura de uma conta de liquidação no TARGET2, a abertura de uma conta no AGIL — Aplicativo de Gestão Integrada de Liquidações do Banco de Portugal — e a constituição de uma reserva de valor junto do Banco de Portugal.

Em geral, decorre um período de tempo entre a iniciação do pagamento pelo ordenante e o seu recebimento na conta de pagamentos do beneficiário, que pode ir de algumas horas até mais de um dia. O SICOI é constituído por seis subsistemas, um por cada instrumento de pagamento: cheques, efeitos comerciais, débitos diretos, transferências a crédito, cartões bancários e, há pouco tempo, transferências imediatas.

Mais recentemente, destaca-se, a nível europeu, a introdução de transferências a crédito instantâneas. Por iniciativa do *Euro Retail Payments Board* — organização europeia presidida pelo Banco Central Europeu para endereçar questões estratégicas nos pagamentos a retalho —, o *European Payments Council* — organização internacional não-lucrativa que desenvolve a integração de pagamentos à escala Europeia e que gere os quatro *schemes* SEPA (*Single European Payments Area*) — desenvolveu um «scheme» — conjunto de regras para a execução de operações de pagamento baseadas em cartões — para pagamentos instantâneos em euros à escala europeia — o SCT Inst (*scheme*, assente nas transferências a crédito SEPA) — que permite transferências transfronteiriças em tempo real, até dez segundos, com um limite de 15 000 euros por operação, 24 horas por dia, 365 dias por ano.

Apesar dos avanços alcançados nos últimos anos no sistema de pagamentos, em termos de rapidez, custos e segurança, a rede bancária está ainda a uma grande distância dos níveis de eficiência alcançados pela blockchain.

As empresas FinTech enfrentam um conjunto de barreiras à entrada e à expansão no mercado, em Portugal, que podem ser de natureza regulatória (v.g., licenciamento da atividade) ou de natureza estratégica. No contexto atual, existe um risco de *foreclosure* (encerramento) do mercado a entrantes FinTech por parte dos operadores incumbentes. Com efeito, os entrantes FinTech apenas podem desenvolver a sua atividade se lhes for concedido, pelos bancos, o acesso a *inputs*, nomeadamente dados de conta e infraestruturas (sistema de liquidação e compensação), já existentes, que são detidos pelos operadores incumbentes, sendo o ingresso nas infraestruturas sujeito a requisitos regulatórios.

As FinTech que operam no *front-end* e *end-to-end* do sistema de pagamentos são aquelas que podem enfrentar maiores barreiras à entrada e à expansão do seu negócio, uma vez que necessitam de acesso a dados de conta e, no caso dos operadores *end-to-end*, ao sistema de liquidação e compensação. Alguns *stakeholders* referiram que os bancos sempre entenderam os dados de conta dos seus clientes como sendo «de sua propriedade exclusiva».

O risco de encerramento decorre do facto de esses *inputs* serem detidos por operadores (bancos) que são seus concorrentes em alguns tipos de serviços. Por exemplo, no contexto dos serviços de iniciação de pagamentos, o operador FinTech assume parte de um serviço que era anteriormente prestado na sua totalidade pelo banco. A entrada deste novo tipo de prestador de serviço pode fragilizar o contexto de envolvimento do cliente bancário com o seu banco, na medida em que o operador FinTech passa a deter a interação *front-end* com o consumidor. Nesse sentido, atendendo à lógica de *cross-selling* em que assenta a estratégia dos bancos, a perda do contacto *front-end* com o cliente pode ter implicações ao nível de outros produtos ou serviços oferecidos pelo banco. Adicionalmente, mesmo no caso de serviços que de alguma forma são complementares aos serviços oferecidos pelos bancos, como sejam os serviços de agregação de informação, as FinTech podem trazer ao cliente, por exemplo, um melhor entendimento sobre a competitividade do seu portfólio de serviços financeiros, face a outras alternativas disponíveis no mercado, ou desenvolver uma gestão de poupanças do cliente com base nos seus hábitos de consumo, aumentando, assim,a sua propensão à mudança. Este novo contexto pode ter externalidades ao nível de produtos e serviços oferecidos pelo banco (v.g., empréstimos ou seguros) e criar incentivos para o encerramento do acesso à informação.

No caso do acesso direto ao sistema de compensação e liquidação, colocam-se barreiras de outra natureza, nomeadamente, regulatória. De acordo com o Banco de Portugal, as instituições de pagamento não são elegíveis para participação direta no SICOI, por estarem regulamentarmente impossibilitadas de cumprir o requisito de abertura de conta de liquidação no

TARGET2-PT67, a componente portuguesa do TARGET2. O acesso direto reduziria a dependência das instituições de pagamento FinTech face aos bancos, com benefícios para a concorrência. Note-se que alguns países da zona euro têm vindo a promover soluções técnicas que asseguram o acesso dos vários prestadores de serviços de pagamento às infraestruturas técnicas dos sistemas de pagamento sem a necessidade de intermediação dos bancos. Nessa medida, considera-se pertinente que se continuem a ponderar formas alternativas de alargar a participação direta a um leque mais alargado de instituições financeiras, mediante o cumprimento de requisitos regulatórios que garantam a segurança do sistema, sem, contudo, afetar desnecessariamente a concorrência.

Todavia, o Banco de Portugal considera as instituições de pagamento e de moeda eletrónica elegíveis para a participação indireta no SICOI, tendo já admitido ambos os tipos de instituições como participantes indiretos. O acesso indireto aos sistemas de pagamento está regulado pelo artigo 35.º da DSP2. Este artigo prevê que, caso um participante direto de um sistema de pagamentos, como o SICOI, faculte o acesso indireto a um prestador de serviços de pagamento, deverá conceder a mesma oportunidade a outros prestadores de serviços de pagamento, quando tal lhe for solicitado. Esta oportunidade deve ser concedida de forma objetiva, proporcionada e não discriminatória.

3.5.2. Blockchain 2.0: a ethereum

Em geral, esta geração de blockchain 2.0 inclui os protocolos da bitcoin 2.0, os contratos inteligentes (*smart contracts*), os registos de propriedade inteligente, as aplicações descentralizadas (DApps), as organizações descentralizadas autónomas (*Decentralized Autonomous Organization — DAO*) e as empresas descentralizadas autónomas (*Decentralized Autonomous Corporation — DAC*).

De uma forma resumida, enquanto a blockchain 1.0 tratava apenas da descentralização do dinheiro e dos pagamentos, a blockchain 2.0 trata da descentralização dos mercados em geral e contempla a transação de muitos outros ativos.

A seguir elenca-se, em classes, algumas das aplicações da blockchain que vão além da moeda e das suas transações/pagamentos:

- Transações financeiras: ações, operações de *private equity, venture capital e business angels*[13], *crowdfunding*[14], obrigações, fundos de investimento, derivados e produtos financeiros híbridos.
- Registos públicos: títulos de propriedade, registo de veículos, certidões de casamento e de óbito, registos comerciais, IES.
- Identificação: emissão de carta de condução e de cartão do cidadão, passaportes e recenseamento eleitoral.
- Registos privados: empréstimos, contratos, apostas, testamentos, investimentos e contratos de depósito.
- Comprovação: prova de seguro, prova de propriedade e documentos autenticados.
- Registo de bens intangíveis: patentes, *trademarks*, *copyrights*, nomes de domínio.

Embora a blockchain 2.0 permita a transação de outros ativos e a criação de novas aplicações, o principal avanço encontra-se na descentralização dos mercados, por meio dos contratos inteligentes, dos novos projetos de protocolo, DApps, DAO e DAC, que serão a base dessas novas aplicações. Ou seja, assim como a bitcoin é a principal aplicação e o nome mais conhecido da primeira

---

[13] As operações de *private equity*, *venture capital* e *business angels* correspondem a instrumentos de financiamento por capital próprio, usualmente denominado de capital de risco. As operações de *private equity* são direcionadas para empresas numa fase mais madura do seu ciclo de vida, financiando a sua internacionalização, ganhos de escala ou processos de reestruturação; o *venture capital* está associado ao financiamento de empresas numa fase mais inicial (*start-ups* e *scale-ups*) e os *business angels* a projetos de menor dimensão e igualmente embrionários.

[14] O *crowdfunding* trata-se de um instrumento da denominada economia colaborativa, onde, através de plataformas eletrónicas, se reúne, de forma desintermediada, um conjunto de participantes que pretendem aforrar/investir/participar e a parte promotora. O *crowdfunding* pode ter quatro naturezas distintas: (i) *crowdlending* — financiamento através da concessão de crédito; (ii) *equitycrowdfunding* — financiamento através da aquisição de participações no capital social das empresas ou veículos societários; (iii) *reward-based crowdfunding* — financiamento remunerado com a oferta do bem/ativo objeto desse financiamento; e (iv) *donation-based crowdfunding* — gestão de processos de doação sem remuneração.

geração de blockchain, o principal nome da segunda geração de blockchain é *ethereum*, uma plataforma sobre a qual outras aplicações descentralizadas podem ser construídas.

3.5.3. *Smart contracts*

Os «contratos inteligentes» são o elemento-chave da ethereum. Neles, qualquer algoritmo pode ser codificado e até podem integrar outros «contratos inteligentes». Isto confere à ethereum uma enorme flexibilidade que a blockchain da bitcoin não tem.

No contexto da blockchain, os contratos inteligentes (*smart contracts*) vão muito além da ideia de comprar ou vender moeda e processar pagamentos. «Contratos inteligentes» entendem-se como sendo «blocos», na blockchain, constituídos por algoritmos que realizam, quando ativados, determinadas funções, sem a necessidade de haver confiança entre as partes, nem intermediários. Isto é, os «contratos inteligentes» são geridos por cada «nó» como parte do processo de criação de «blocos».

Ou seja, distintamente dos contratos tradicionais, em que os envolvidos necessitam de ter confiança mútua ou que alguém, por eles, funcione como intermediário independente no acionamento das condições contratadas, os «contratos inteligentes» removem essa necessidade entre os envolvidos, uma vez que são autoexecutáveis quando as condições estabelecidas pelas partes são satisfeitas. Além de tudo isso acontecer de forma descentralizada, sob os fundamentos da blockchain, sem a atuação de um sistema legal.

Um exemplo clássico de uma boa prática para um «contrato inteligente» são as denominadas *escrow-accounts*. Os bancos funcionam muitas vezes como intermediários na execução das disposições contratuais acordadas entre duas partes, constituindo, para o efeito, essas *escrow-accounts*. Por exemplo, imagine que a empresa Metal SA acorda a aquisição faseada das ações da empresa Inox SA, concretizando-se essas compras através da ocorrência de determinadas *milestones* (p. ex. o EBITDA supera determinado valor; as exportações passam a representar mais 50% do volume de venda, etc.); como intermediário, compete ao banco verificar a ocorrência do evento contratualmente previsto e espoletar o processo transacional da venda das ações (dinheiro contra títulos).

Como se constata, trata-se de um processo extremamente manual e, indubitavelmente, oneroso. Na blockchain, todo o processo estaria estabelecido num «bloco» de algoritmos, sendo operados, na ocorrência dos atos previstos contratualmente, todos eventos automaticamente, de uma só vez e sem intervenção humana. A ideia central é que as funcionalidades da blockchain de registar, transferir e confirmar de forma descentralizada possam ser utilizadas para todo o tipo de contrato e propriedade.

O *smart contract*[15] refere-se, assim, a qualquer contrato que seja capaz de ser executado ou de se fazer cumprir por si só, formalizando negociações entre duas ou mais partes e prescindindo de intermediários centralizados. Nesse sentido, um «contrato inteligente» nada mais é do que um código que pode definir regras estritas e consequências da mesma forma que um documento legal tradicional, estabelecendo as obrigações, benefícios e penalidades que podem ser devidas a qualquer das partes, em várias circunstâncias diferentes, e proporcionando confiabilidade nas relações entre a rede.

Neste protocolo computacional autoexecutável da blockchain, diferentemente de um contrato tradicional escrito em linguagem puramente jurídico-legal, um «contrato inteligente» é capaz de obter informações, processá-las e tomar as devidas ações previstas de acordo com as regras do contrato.

Portanto, as cláusulas precisam de ser parcial ou completamente autoexecutáveis, auto-obrigatórias ou ambas. Sendo atendidos esses requisitos, a tecnologia do «contrato inteligente» pode prosseguir com a conclusão automática das transações.

Deste modo, os «contratos inteligentes» melhoram a execução dos quatro objetivos básicos do contrato: observabilidade, verificabilidade, privacidade e obrigatoriedade (ou autoaplicabilidade). Ou seja, os *smart contracts* permitem que ambas as partes observem o desempenho do contrato, verifiquem se e quando um contrato foi executado, garantindo que apenas os detalhes

---

[15] O termo «contratos inteligentes» foi cunhado pelo cientista da computação e criptógrafo Nick Szabo em 1995 e retrabalhado ao longo de vários anos. A primeira publicação de Szabo, «Smart Contracts: Building Blocks for Digital Free Markets», veio a lume em 1996, no número 16 da revista *Extropy*, tendo sido depois relançada como «Formalizing and Securing Relationships on Public Networks». Estes documentos descreveram como seria possível estabelecer o direito contratual e as práticas comerciais relacionadas por meio do design de protocolos de comércio eletrónico pela Internet.

necessários para a conclusão do contrato sejam revelados a ambas as partes, e, por fim, são autoexecutáveis para eliminar o tempo gasto no policiamento do contrato.

Para se criar um «contrato inteligente», não só é necessário o objeto do contrato, pois o programa deve ter acesso aos bens ou serviços sob contrato para os bloquear e desbloquear automaticamente, como também são precisas assinaturas digitais, uma vez que todos os participantes iniciam um acordo assinando o contrato com as suas chaves privadas. Os termos de um «contrato inteligente» assumem a forma de uma sequência exata de operações e todos os participantes devem assinar estes termos. Com estes passos montados, o «contrato inteligente» é implantado na blockchain e distribuído pelos «nós» da plataforma.

Figura 24: Funcionamento de um *smart contract*

1) Um contrato de opção entre as partes (duas ou mais) é escrito como código criptográfico na blockchain; as partes mantêm o anonimato, mas o contrato fica registado; 2) Quando tem lugar um determinado evento ou se alcança um preço concreto, o contrato é executado de acordo com os termos codificados; 3) Os reguladores podem utilizar a blockchain para compreender a atividade no mercado, sendo assegurada a privacidade dos participantes na transação.

Atente-se num exemplo concreto, com o caso de um contrato de prestação de serviço, em que a empresa Tecido SA deseja pagar 5000 euros à empresa Chip Lda para esta construir um website. O «contrato inteligente» funcionaria da seguinte forma:

1) A Tecido SA coloca 5000 euros no contrato e esse valor fica «bloqueado» numa espécie de fundo-depósito.
2) Quando a Chip Lda terminar o website, envia uma mensagem a pedir que o fundo seja desbloqueado.

3) Se a Tecido SA concordar, o fundo é desbloqueado.

4) Se a Chip Lda decidir não terminar o website, pode desistir, enviando uma mensagem para renunciar ao fundo.

5) Se a Chip Lda afirmar que terminou o website, mas a Tecido SA não concordar, após um período de sete dias, cabe ao juízo nomeado dar um veredicto a favor de uma das partes.

Tendo em consideração a complexidade da montagem de *smart contracts*, têm surgido plataformas facilitadoras da implementação dos «contratos inteligentes», como é o caso da Confideal. A Confideal é um ecossistema para fazer negócios rápidos e seguros através de «contratos inteligentes» na blockchain da ethereum; não requer habilidades de programação e possui uma interface amigável para a criação de «contratos inteligentes» complexos.

Em caso de litígio, as partes podem resolvê-lo por meio de arbitragem qualificada, a qual também se suporta em ferramentas avançadas de gestão inteligente de contratos, em que o árbitro, com uma terceira chave, pode aceder facilmente aos detalhes de uma transação — mas não à informação financeira — podendo resolver a disputa com apenas alguns cliques.

Resumidamente, os «contratos inteligentes» possuem as seguintes características diferenciadoras que geram claramente vantagens competitivas:

- Autossuficiência e confiabilidade, uma vez que registados dentro da blockchain não necessitam mais de qualquer atuação humana e há uma total garantia de transparência, certeza, segurança e legitimidade dos processos automatizados;
- Descentralização, dado que os contratos não estão sujeitos a um território nacional e estão distribuídos pelos «nós»;
- Autonomia, pois, após o registo dentro da rede blockchain, os contratos não são regulados por nenhuma entidade a não ser pelo seu próprio algoritmo codificado;
- Segurança e *back up*, visto que o «contrato inteligente» é criptografado e distribuído pelos «nós» da rede e isso garante que ele nunca será perdido ou alterado sem a permissão das partes;
- *Paperless*, forte redutor de custos e indutor de rapidez nas decisões, na medida em que removem pelo menos metade de todos os documentos e

BLOCKCHAIN

pessoas envolvidas num negócio e cortam totalmente os intermediários — nomeadamente, os bancos — da cadeia de transações.

Até ao momento, o único grande obstáculo ao advento dos «contratos inteligentes» é a falta de um marco legal, o qual só pode ser dado pelo poder político/público. Assim que houver progresso nessa direção, todo o processo de criação, implementação e execução dos «contratos inteligentes» tornar-se-á muito mais fácil e, consequentemente, mais atraente para todos os tipos de agentes.

3.5.4. Contratos oráculo

No processo de credibilização e confiabilidade dos «contratos inteligentes», é importante que estes estejam sempre ligados ao «mundo físico». Os *smart contracts* não podem viver num contexto criptográfico que não reflita o mundo real das pessoas, dos seus bens e instituições.

Os «contratos inteligentes» são programas que codificam a lógica, as condições e os resultados dos acordos e executam automaticamente os termos especificados. Traduzir acordos em código é relativamente simples, mas o código deve ser executado de forma a que todas as partes envolvidas possam confiar. Para obviar este obstáculo, surgiram os «oráculos», que são entidades confiáveis que assinam declarações sobre o «estado do mundo». Deste modo, como a verificação de assinaturas pode ser feita de forma determinística, com a associação de contratos «oráculo», é possível que os «contratos inteligentes» determinísticos também reajam ao mundo externo (não-determinístico).

Dependendo do modelo de segurança necessário para um determinado «contrato inteligente», as partes contratantes podem selecionar o «oráculo» ou grupo de «oráculos» em que confiam. Um número maior de «oráculos» pode ser utilizado a fim de adicionar mais redundância e, portanto, segurança à execução do contrato e com o intuito de garantir que os termos sejam cumpridos exatamente como especificado.

Tais entidades, os «oráculos», podem ser utilizadas, por exemplo, em execuções de testamento, ao difundir as certidões de óbito públicas, ou nas apostas desportivas, ao divulgar os resultados dos eventos objeto das apostas. Esta realidade que parece ficção-científica já existe. Um exemplo de implementação de oráculos inteligentes é a plataforma Codius (com base no latim «ius» que significa «lei»).

Os «contratos inteligentes» têm o potencial de capacitar as pessoas para construirem um sistema jurídico mais justo, acessível e mais eficiente, e os «oráculos» são uma das ferramentas para a concretização desse desígnio.

3.5.5. Aplicações práticas de *smart contracts*

Deste modo, pode-se concluir que os «contratos inteligentes» são muito mais eficientes e confiáveis, já que todas as transações são automaticamente inseridas num banco de dados descentralizado e incorruptível. Acresce que a latitude do seu alcance é imensa. Os «contratos inteligentes» podem vir a simplificar a vida em muitas áreas, podendo ser utilizados em diferentes atividades, desde a logística a processos eleitorais:

Logística
A cadeia de distribuição geralmente é longa e inclui muitas ligações, sendo que cada ligação necessita de obter uma confirmação da anterior para cumprir a sua parte do contrato e enviar a informação para o elo seguinte; além da elevada burocracia, tendo de passar por numerosos canais para aprovação, aumenta-se também em muito a exposição a perdas, corrupção e fraudes.

A execução de «contratos inteligentes» na blockchain anula tudo isso ao fornecer uma versão digital, segura e acessível, a todas as partes na cadeia — automatizando as tarefas e o pagamento. Com a blockchain, o rastreamento da entrega muda. Todas as partes integrantes da cadeia logística acedem à mesma rede e conseguem verificar a informação diretamente da fonte; além disso, qualquer decisão referente ao transporte da carga, como a rota ou o preço do frete, entre outros aspectos, é tomada a partir de um consenso. O cliente pode ainda acompanhar com mais precisão a entrega do seu produto, pois a informação validada não sofre quaisquer mudanças.

Veja-se o exemplo seguinte que ilustra o que ocorre no comércio internacional, com a desmaterialização do documento de transporte (B/L — *Bill Landing*), indispensável quando uma carga é movimentada de um porto para outro pois o reconhecimento e a assinatura do B/L garantem a transferência da responsabilidade da carga para a próxima entidade.

Figura 25: Movimentação do B/L no transporte marítimo internacional

(a) Processo atual

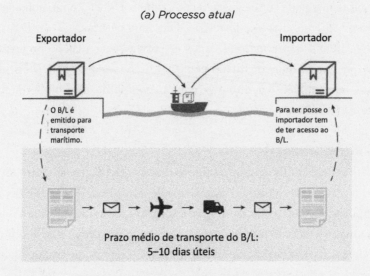

(b) Processo através da blockchain

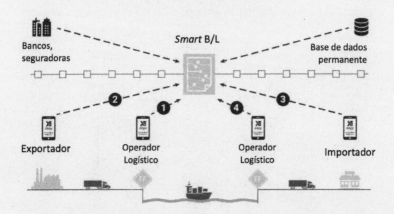

Com a abertura do *smart* B/L, os agentes da operação intervêm na ordem necessária (1+2+3+4), mas praticamente em simultâneo e de uma forma quase instantânea. Após a validação, a monitorização pode ser feita em permanência através da partilha de informação geral e única entre todos.

O B/L não viaja com a carga, é remetido por correio convencional para garantir que não se perca e que exista sempre uma prova do valor da mercadoria, se a carga for perdida no mar. Este processo tem um custo médio de cerca de 100 euros e demora, dependendo da distância entre os portos, entre cinco a dez dias úteis; e se, por qualquer motivo, a carga chegar primeiro que o B/L, como a carga não pode ser desalfandegada sem este documento, acrescem elevados custos de imobilização da carga no porto de destino.

Através de um *smart contract*, todas as partes envolvidas no processo passam a trocar este documento digitalmente, de forma segura e sem possibilidade de fraude, num ambiente neutro e extremamente rápido, com um forte impacto imediato na redução dos custos.

Direitos de autor

Na indústria da cultura, tanto o autor como a editora possuem direitos sobre o conteúdo. Como tal, o titular dos direitos de autor recebe uma taxa de *royalties* sempre que o conteúdo é utilizado para fins comerciais. O problema do sistema atual é saber quem possui esses direitos e, em seguida, garantir que os pagamentos dos *royalties* sejam distribuídos por todos os que estão legalmente obrigados a recebê-los.

Figura 26: Funcionamento de um *smart contract* de direitos de autor

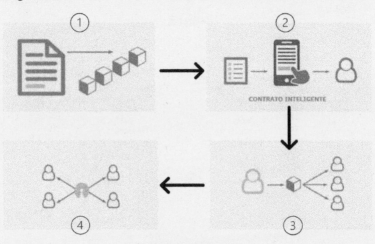

1) Os detentores dos direitos de autor publicam a informação comprovativa dessa propriedade na blockchain; 2) As condições contratuais são gravadas em «contratos inteligentes» que processam todos os direitos de forma automática sempre que se verifiquem os eventos neles previstos; 3) Os *royalties* e outros proveitos predeterminados são transferidos de forma instantânea, transparente e automática, com base nas informações das partes interessadas contidas na base de dados da blockchain; 4) Uma plataforma aberta facilita infinitas funções, aplicativos e modelos de negócio.

Com uma solução de «contrato inteligente» construída numa rede blockchain, todos os direitos de propriedade manter-se-iam sob controlo. Como consequência de se conhecer o verdadeiro detentor dos direitos em todos os momentos, o mesmo «contrato inteligente» garantiria que o pagamento de *royalties* fosse gerado e pago em tempo real — com o benefício adicional de, caso a transação fosse processada através da blockchain, cada parte a ter refletida na sua contabilidade de forma automática e instantânea.

Internet das coisas (IoT)

A IoT já é uma realidade, estando a instalar uma nova era dos dispositivos quotidianos com capacidade para se conectarem com a Internet e agirem autonomamente em conformidade com a nossa programação.

No entanto, o percurso ainda está longe de estar concluído. Atualmente, por exemplo, as nossas encomendas podem-se perder num posto dos correios ou durante o seu envio, mas no mundo permanentemente conectado da IoT, com

Figura 27: Funcionamento de um *smart contract* na era da IoT

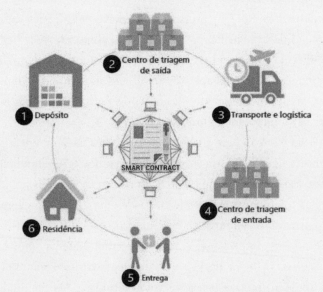

Todo o processo logístico de uma simples entrega de encomenda é monitorizado e processado através de sensores que informam a blockchain, que, por sua vez, vai dando as autorizações, inscritas no «contrato inteligente», que permitem que todo o processo decorra com automaticidade, rapidez e controlo.

sensores a cada passo — da prateleira do armazém, passando pelo drone da entrega —, um sistema totalmente automático assegurará que isso não volte a acontecer.

E todo o processamento estará a ser otimizado quando cada sensor formar o seu próprio «nó» numa cadeia de blocos com «contratos inteligentes», onde estão gravadas todas as instruções.

Um *chip barcorde* / NFC / outro dispositivo de rastreamento na embalagem será lido em cada sensor a caminho de sua casa e cada vez que é lido por um novo sensor, a sua localização é transmitida e acordada por todos os participantes da IoT na rede blockchain. Como cada registo da localização da encomenda é criptografado na blockchain numa ordem específica, não há necessidade de um sistema de segurança externo acompanhar a encomenda.

Na base de todo este processo está um «contrato inteligente», que mantém guias de «propriedade» durante todo o percurso, solidificando a confiança de onde exatamente se encontra a encomenda a todo o momento.

Processo eleitoral

As empolgantes eleições presidenciais norte-americanas deixam-nos sempre surpreendidos, além da própria disputa eleitoral, pelo basismo do processo logístico e processual das eleições. As contagens manuais sucedem-se e a desconfiança não se dissipa. Contudo, mesmo quando o voto eletrónico foi introduzido experimentalmente na contenda entre Gore-Bush a confusão e a desconfiança ainda foram maiores.

Mas se esta é a realidade dos Estados Unidos, a mesma repete-se em todas as outras democracias. E importa sublinhar que o processo eleitoral não se esgota na escolha dos órgãos de soberania. Sob o olhar corretivo da blockchain e dos *smart contracts* está qualquer tipo de eleição, desde uma assembleia geral de um clube desportivo ou de uma empresa, à escolha do novo líder do partido da oposição.

Os «contratos inteligentes» fornecem um sistema infinitamente mais seguro do que os métodos tradicionais de eleição, quer sejam por meio do voto impresso (manual) ou das urnas de voto eletrónico. Os resultados da votação seriam registados na blockchain e distribuídos entre os «nós» da rede, ou seja, os votos encontrar-se-iam protegidos pelo livro-razão.

Nesta situação, todos os dados seriam criptografados e anónimos, pelo que os votos não poderiam ser adulterados ou alterados porque no momento em que fossem inseridos na blockchain, todos os «nós» da rede seriam atualizados para refletir as novas informações. Este método elimina qualquer possibilidade de manipulação.

Ter a oportunidade de votar utilizando a tecnologia dos «contratos inteligentes» poderia aumentar significativamente o número de eleitores, o que, em si mesmo, seria uma grande ajuda para revitalizar o processo democrático das eleições. E essa atração passa muito pela redução de uma grande quantidade de constrangimentos que ainda existem nas eleições tradicionais, como sejam as filas de espera, a autenticação pelos membros da mesa, o elevado número de representantes partidários em todas as mesas de voto para o processo de contagem e controlo, a impossibilidade de voto por parte de pessoas que são incapazes de chegar aos locais de votação devido a doenças, deficiências, problemas climáticos, etc.

Em 2014, a Aliança Liberal, um pequeno partido político na Dinamarca, utilizou a blockchain nas suas eleições internas. Esta foi a primeira vez que esta prática foi utilizada e foi considerada um sucesso. Infelizmente, ainda não teve seguidores, talvez por ser um procedimento excessivamente democrático para o exercício da democracia.

Serviços financeiros e imobiliários

Com o advento das criptomoedas, a quantidade de aplicações financeiras utilizadoras de «contratos inteligentes» aumentou exponencialmente, como, por exemplo, as plataformas que realizam leilões, que verificam automaticamente a maior licitação dentro de um determinado período de tempo e reembolsam os participantes. O mesmo pode-se aplicar aos contratos de crédito, com o «contrato inteligente» a fazer a gestão do produto de financiamento desde o desembolso, com particular destaque para os momentos de incumprimento.

Mas o céu é o limite. Num futuro não muito longínquo, um «contrato inteligente» que faça a gestão de um crédito ao consumo associado a um produto eletrónico ou a um automóvel pode, em caso de incumprimento, levar à desativação desse produto até que o cumprimento do contrato seja reposto.

Adaptando estes princípios dos *smart contracts* financeiros ao sector imobiliário, facilmente se podem construir «propriedades inteligentes», onde a rede blockchain pode ser utilizada para executar um negócio imobiliário ou transações imobiliárias de forma extremamente fácil e eficiente, reduzindo os casos de fraude e o pesado fardo burocrático. Além disso, as transações seriam muito mais rápidas e, decorrente dessa agilidade, este mercado poderia facilmente abrir-se a todos os mercados internacionais.

Os contratos e propriedades inteligentes também poderiam funcionar como aliados na administração de condomínios, sendo utilizados tanto pelos próprios condóminos como pelas empresas especialistas na gestão de condomínios. Nos processos em que se exige a intervenção de uma entidade terceira, como obras no prédio ou a reparação do elevador, os «contratos inteligentes» entrariam como uma forma de garantir que o prestador de serviço só receberá a quantia contratada quando certas etapas da obra forem concluídas, garantindo celeridade e confiabilidade na relação.

Seguros

O problema atual da gestão das apólices de seguro prende-se muito com o processo de indeminização, que pode levar semanas ou mesmo meses a ser paga. Tal acontece porque todo o processo é ainda muito manual e requer um elevado nível de intervenção humana. Tudo isto faz do ciclo indemnizatório um processo lento e com muitos custos administrativos.

As seguradoras podem automatizar a gestão das apólices de seguro passando-as para *smart contracts*. Deste modo, quando as condições de entrada do «contrato inteligente» mudem pela ocorrência de um evento segurado, por exemplo, no caso de um acidente rodoviário, o processo de indemnização será desencadeado imediatamente. Os parâmetros mensuráveis do evento, como o relatório da

Figura 28: Funcionamento de uma apólice de seguro em *smart contract*

1) Os termos da apólice, acordados entre a seguradora e o tomador do seguro, são codificados no «contrato inteligente»; 2) Ocorre um determinado evento previsto na apólice de seguro (p. ex. um incêndio); 3) Após a peritagem e a inserção do relatório na blockchain, a apólice é executada automaticamente nos termos pré-acordados; 4) Pagamento da indemnização.

ocorrência por parte da polícia, as fotografias do local, os relatos dos intervenientes e eventuais testemunhas podem ser registados na cadeia de blocos. A peritagem e a ligação de todos os subcontratados seguem o mesmo processo, até que a responsabilidade e os direitos indemnizatórios sejam determinados.

O «contrato inteligente» não só reduz os custos administrativos associados à gestão da apólice, como, ao longo do processo, são visíveis a transparência e a confiança por todas as partes interessadas e todos os órgãos reguladores — graças à natureza distribuída dos «contratos inteligentes» na cadeia de blocos.

Contudo, nem tudo são vantagens. Os «contratos inteligentes» não podem ser realizados sem programação, o que também acarreta custos. E é essencial ter um codificador experiente para fazer «contratos inteligentes» à prova de falha, para evitar ataques de *hackers* que levam a perdas monstruosas como sucedeu no já citado projeto *TheDAO*.

3.6. ETHEREUM: UMA NOVA GERAÇÃO DA BLOCKCHAIN

No plano inicial de Satoshi Nakamoto, havia três passos a serem seguidos, no entanto, apenas dois foram implementados com a bitcoin: o livro-razão público e descentralizado (blockchain) e o protocolo da bitcoin de transferir valor sem intermediários. O terceiro passo é o uso de uma linguagem de programação denominada de «Turing completo» (*Turing completeness*) ou computacionalmente universal. O facto de uma linguagem possuir essa distinção significa que as regras seguidas em sequência sobre dados arbitrários podem produzir o resultado de qualquer cálculo.

Um caso específico que objetivamente segue aqueles três passos é o da rede ethereum[16]. Ao contrário de uma blockchain ou de um protocolo nela baseado,

---

[16] Além da ethereum têm surgido mais plataformas blockchain que podem ser usadas para criar «contratos inteligentes»: (i) a Side Chains, uma blockchain adjacente à blockchain da bitcoin que oferece um maior alcance para o processamento de contratos — a plataforma bitcoin é ótima para processamento de transações financeiras de bitcoins (BTC), mas tem uma capacidade limitada para processar documentos; (ii) a NXT, uma plataforma blockchain pública que contém uma seleção limitada de modelos para «contratos inteligentes», onde apenas se pode utilizar o que é oferecido, não sendo possível codificar um contrato próprio à medida; (iii) a Cardano, uma plataforma de «contrato inteligente» semelhante à ethereum, com foco na segurança através de uma arquitetura em camadas, correspondendo ao primeiro projeto de «blocos» a ser criado a partir de filosofia científica e a ser construído com base em pesquisa académica revista por pares.

a ethereum é uma infraestrutura que pode suportar todas as blockchain e protocolos, como se fosse uma plataforma de desenvolvimento universal e unificado para se escreverem *smart contracts* que poderão ligar múltiplas blockchain, protocolos e criptomoedas.

A ethereum é uma plataforma aberta de blockchain que permite que qualquer pessoa crie e use aplicativos descentralizados. Trata-se de um projeto em código aberto (*opensource*) que, assim como a bitcoin, ninguém controla ou é detentor, sendo construído por milhares de pessoas em todo o mundo. Mas, ao contrário do protocolo bitcoin, a ethereum foi projetada para ser adaptável e flexível.

A tecnologia da blockchain é a base tecnológica da ethereum. Ou seja, consiste numa arquitetura de computação distribuída na qual cada «nó» da rede executa e regista as mesmas transações, que são agrupadas em «blocos»; e onde as interações individuais do utilizador com o livro de registo, que são feitas por meio de transações, são garantidas através de uma forte barreira de criptografia.

No final de 2013, o inventor da ethereum, Vitalik Buterin, propôs uma nova blockchain com a capacidade de ser programada para executar qualquer computação arbitrariamente complexa. No fundo, é uma solução alternativa de blockchain, face a uma maior saturação da blockchain de suporte da bitcoin. De facto, a partir do momento em que a bitcoin começou a atrair uma maior atenção dos tecnólogos, os projetos inovadores começaram a usar a rede bitcoin para objetivos para lá da esfera financeira; muitos desses projetos assumiram a forma de «altcoins», isto é, criptomoedas alternativas que possuem, por vezes, a sua própria blockchain.

Na ethereum, um dos principais componentes é a criptomoeda ether (ETH), que, embora tenha um valor económico, não foi criada apenas para ser uma criptomoeda, como é o caso da bitcoin. A ether é um recurso que capacita o uso da plataforma, já que o seu valor decorre do facto de ela ser necessária para a execução dos contratos na rede da ethereum.

A ether segue uma taxa de inflação estável e, ao contrário da bitcoin, não tem um limite máximo de emissão. De entre as aplicações financeiras passíveis de serem escritas com base na ethereum, as principais são: os derivados (futuros e opções), os contratos de *hedge funds*, a gestão de carteiras de investimento, os testamentos e alguns contratos de trabalho. Todos estes casos podem ser estabelecidos por códigos dentro dos «contratos inteligentes», com referências a fontes externas confiáveis, como alguma bolsa de valores, sem necessidade de um intermediário.

Buterin acrescentou às definições de *smart contracts* a ideia de que se trata de um mecanismo que envolve bens digitais e um número fixo de partes (duas ou mais) que não precisam de se conhecer aquando da realização dos contratos. Então, algumas ou todas as partes colocam bens que serão automaticamente redistribuídos entre aqueles que concordam com uma fórmula, baseada em certos dados que não são conhecidos na hora em que o contrato é iniciado.

3.6.1. *Ethereum Virtual Machine* (EVM)

A grande diferença da ethereum é que se trata de uma blockchain programável. Em vez de disponibilizar aos seus utilizadores um conjunto de operações pré-definidas, como, por exemplo, transações em bitcoins, a ethereum permite que os indivíduos criem as suas próprias operações com qualquer nível de complexidade que desejem. Desta forma, a ethereum serve como uma plataforma destinada à criação de diferentes aplicações descentralizadas na sua blockchain, incluindo, mas não se limitando, às criptomoedas.

A ethereum, no sentido mais estrito, refere-se a um conjunto de protocolos que define uma plataforma para «contratos inteligentes» e aplicações descentralizadas. Na base do seu desenvolvimento está a Máquina Virtual Ethereum (*Ethereum Virtual Machine* — EVM), que pode ser entendida como um «supercomputador» capaz de executar códigos de complexidade algorítmica arbitrária.

Ou seja, para garantir que todos os «contratos inteligentes» sejam executados da mesma forma em qualquer «nó», cada um destes deve possuir uma implementação da EVM. Embora existam várias linguagens de programação disponíveis para a ethereum, todas são convertidas na mesma linguagem de *bytecode*, denominada *EVM code*[17].

Em termos de ciência da computação, a ethereum é considerada o tal «turing completo». Na teoria de computadores reais e virtuais, linguagens de

---

[17] A *EVM code* possui as instruções típicas de linguagens de *assembly* para operações matemáticas básicas, comparações e lógicas *bit* a *bit*, armazenamento na memória e movimentação do *program counter* (*jumps*).

programação e outros sistemas lógicos, um sistema «turing completo» é aquele que tem um poder computacional equivalente à máquina de «turing universal». Ou seja, mesmo que seja fisicamente impossível para essas máquinas existirem, porque requerem armazenamento ilimitado e probabilidade de falha nula, de uma forma coloquial, pode-se afirmar que a integridade de *turing* é atribuída a máquinas físicas ou a linguagens de programação que poderiam ser universais se tivessem esse armazenamento infinito e fossem absolutamente confiáveis.

Com a ethereum, os desenvolvedores podem criar aplicativos descentralizados, popularmente conhecidos como DApps, que funcionam na EVM usando linguagens de programação já existentes, como a JavaScript e a Python. Como qualquer blockchain, a ethereum também inclui um protocolo de rede ponto a ponto (*peer-to-peer*). O banco de dados da blockchain da ethereum é mantido e atualizado por muitos «nós» conectados à rede. Cada «nó» da rede executa a EVM e processa as mesmas instruções. Por este motivo, a ethereum às vezes é descrita como um «computador mundial».

Esta paralelização maciça da computação em toda a rede ethereum não é feita para tornar a computação mais eficiente. Na verdade, este processo torna a computação da ethereum muito mais lenta e cara do que num «computador» tradicional. Isto porque cada «nó» ethereum executa a EVM para manter o consenso em toda blockchain, gerando um grande consumo de energia e poder computacional para manter a estrutura a funcionar. Por outro lado, o consenso descentralizado oferece à ethereum níveis extremos de tolerância a falhas, garante tempo de inatividade zero e torna os dados armazenados na blockchain inalteráveis e resistentes à censura.

A plataforma ethereum, em si, é desprovida de qualquer propriedade nativa e é agnóstica de valores. Semelhante às linguagens de programação, cabe aos empreendedores e desenvolvedores decidirem para que é que a plataforma deve ser utilizada. No entanto, é claro que certos tipos de aplicativos tiram maior proveito das capacidades da ethereum do que outros.

A bitcoin permite que os indivíduos troquem dinheiro sem envolver intermediários como instituições financeiras, bancos ou governos. O impacto da ethereum pode ser mais abrangente. Em teoria, as interações financeiras ou negociações de qualquer complexidade podem ser realizadas de forma automática e confiável usando o código que é executado na ethereum. Além das aplicações financeiras, todos os ambientes em que a confiança, a segurança e a imutabilidade são importantes — por exemplo, registos de ativos, votação, *governance* e Internet das coisas (IoT) — podem ser impactados positivamente pela plataforma ethereum.

3.6.2. Como funciona a ethereum

Tal como na bitcoin, a criação dos «blocos» é o momento em que as transações realmente ocorrem, no sentido em que uma vez que uma transação ocorra dentro de um «bloco», o estado da blockchain global é alterado. A nova transferência/ordem afeta as mudanças de estado, e, tal como na bitcoin, cada «nó» é livre de escolher a ordem das transações dentro dum bloco. Depois de o fazer (e executar as transações), deve ser realizado um determinado trabalho para criar um «bloco» válido.

Protocolo GHOST

A ethereum incorpora muitos recursos e tecnologias que são familiares aos utilizadores da bitcoin, no entanto, introduz muitas modificações e inovações próprias. Ao contrário da bitcoin, a ethereum segue um padrão diferente para selecionar quais os «blocos» a adicionar à blockchain válida. Enquanto na bitcoin a cadeia mais longa de «blocos» válidos é sempre a blockchain legítima, a ethereum segue um protocolo chamado GHOST[18].

O protocolo GHOST permite que os «blocos» que foram calculados por outros «nós», que na bitcoin seriam descartados, sejam aproveitados e integrados na blockchain, reduzindo o desperdício do poder de computação. Ao mesmo tempo, aumenta também os incentivos para os «nós» mais lentos (i.e. com menor capacidade de computação). Deste modo, permite uma confirmação mais rápida das transações: enquanto os «blocos» bitcoin são geralmente criados a cada dez minutos, os «blocos» ethereum são criados em segundos.

---

[18] O protocolo GHOST — *Greedy Heaviest Observed Subtree* — permite otimizar a rede blockchain da ethereum, não a bloqueando com um elevado número de «blocos» obsoletos, uma vez que os mesmos são reaproveitados.

Gas

Por forma a evitar ataques de negação de serviço e outros tipos de *spam*, a ethereum definiu um mecanismo de preço interno chamado *gas* (abreviatura de gasolina em inglês), que representa o preço que se está disposto a pagar por cada computação realizada. Um passo computacional simples deve custar um *gas*, enquanto operações mais computacionalmente complexas devem custar valores maiores. Além disso, também é cobrada uma taxa de cinco *gas* por cada nos dados da transação.

Sempre que alguma parte de código é executada, a parte que está a solicitar a execução deve estabelecer a quantidade máxima de unidades de *gas* que está disposta a utilizar e qual o valor em ether que irá pagar por cada unidade de *gas* gasta. Claro está que, previamente, o executante verifica se o solicitador possui a quantidade necessária de moeda e subtrai-a da sua conta para pagar as taxas de transação (isto é, o custo do *gas*).

É importante ressalvar que cabe a cada «nó» decidir se aceita o valor do *gas* proposto, pelo que este acaba por ser definido pelas leis da oferta e da procura. Deste modo, inviabiliza-se não só que um eventual atacante tente soterrar o sistema com pedidos de computação inúteis, já que perderia muito dinheiro com isso ou seria ignorado se oferecesse muito pouco pelo valor do *gas*, como também os ataques DDoS[19] (ataques de negação de serviço). Além disso, os *loops* infinitos são automaticamente barrados, uma vez que não é possível enviar *gas* infinitamente.

Contas

Outra diferença substancial no funcionamento da ethereum face à blockchain da bitcoin decorre do facto de esta última ser puramente uma lista de transações, enquanto a unidade básica da ethereum é a «conta», uma estrutura mais macro do que a mera transferência e que permite à blockchain acomodar operações além das transações financeiras. Neste processo, os «nós» armazenam o estado mais recente de cada «contrato inteligente», além de todas as transações com ETH.

---

[19] DDoS — *Distributed Denial of Service* (Ataque Distribuído de Negação de Serviços) é um ataque que utiliza um grande número de computadores, sob o controlo de um *hacker*, para enviar pequenas quantidades de tráfegos pela Internet com o objetivo de congestionar o acesso e drenar recursos de um servidor alvo.

BLOCKCHAIN

Simplificando, os objetos básicos que compõem o sistema são as «contas», correspondendo as transições de estado, basicamente, a transferência de valor e informação entre «contas». Existem dois tipos de contas na ethereum: (i) as «contas de propriedade externa» (*Externally Owned Account* — EOA), controladas por quem possuir a chave privada apropriada, e (ii) as «contas de contrato», que são controladas pelo código do contrato e só podem ser «ativadas» por uma EOA.

As «contas» possuem quatro campos: um *nonce*, para garantir que não se processa a mesma transação várias vezes; a atual quantidade de ether detida pela «conta»; o código do contrato, se houver; e o armazenamento da conta (inicialmente vazio).

Uma conta externa não tem código interno e pode enviar transações de acordo com o controlo do seu utilizador, enquanto uma conta de contrato deve conter um código que irá executar sempre que receber uma transação ou mensagem. Para a maioria dos usuários, a diferença básica entre estas é que os utilizadores humanos controlam as EOAs, uma vez que apenas eles podem controlar as chaves privadas que dão controle sobre um EOA. As contas de contratos, por outro lado, são regidas pelo seu código interno. Se eles são «controlados» por um utilizador humano é porque eles são programados para serem controlados por uma EOA com um determinado endereço, que, por sua vez, é controlada por quem possui as chaves privadas que controlam essa EOA.

Os «contratos inteligentes» referem-se precisamente ao código numa «conta de contrato» e são programas para serem executados quando uma transação é enviada para essa conta. Os utilizadores podem criar novos contratos implantando o código na blockchain.

As «contas de contrato» apenas executam uma operação quando instruídas por uma EOA. Portanto, não é possível que uma «conta de contrato» esteja a executar operações nativas, como geração de números aleatórios ou as denominadas API (*Application Programming Interface* ou «Interface de Aplicação de Programação»). Ela só poderia fazer essas coisas se tal fosse solicitado por uma EOA. E isso acontece desta forma porque a ethereum exige que os «nós» (computadores) tenham de concordar com o resultado da computação, o que exige uma garantia de execução estritamente determinista.

Mudança de estado

Uma mudança de estado deve começar, necessariamente, com o envio de uma transação, já que as «contas de contrato» só executam seu código quando são acionadas. No processamento da transição, seguem-se os seguintes passos:

1) Verificação da transação que deu início ao processo. Esta deve conter todos os campos preenchidos corretamente (beneficiário; assinatura do remetente; quantidade de ether a ser transferida do remetente para o beneficiário; campo de dados opcional; quantidade de *gas* enviada; preço do *gas* enviado), a assinatura deve ser válida e o *nonce* da transação deve coincidir com o *nonce* do remetente. Caso contrário, o erro é assinalado e a transação fica por aqui.

2) A taxa de transação é calculada multiplicando a quantidade de *gas* enviada pelo seu preço e o valor desta taxa é subtraído da conta do remetente. Caso o remetente não tenha ether suficiente para pagar a taxa, cai-se novamente num erro.

3) Transferência do valor da transação do remetente para o beneficiário. Se a «conta» do beneficiário ainda não existir, será criada uma automaticamente. Se o remetente não possuir o valor a ser transferido, revertem-se todas as mudanças e encerra-se o processo, mas o «mineiro» do «bloco» fica com as taxas de transação.

4) Se o destinatário for uma «conta de contrato», executa-se o seu código até que exista instrução para parar ou até que a quantidade de *gas* se esgote.

Mineração e PoW

Assim como na rede da bitcoin, os «mineiros» estão encarregues de resolver um problema matemático complexo para poder minerar com sucesso um «bloco»: PoW. O primeiro a resolver o problema recebe a recompensa pelo novo «bloco» gerado, além das taxas pagas em cada transação do bloco.

Para desencorajar a centralização, devido ao uso de *hardware* especializado — por exemplo, *Application Specific Integrated Circuits* (ASIC) —, ou seja, circuitos integrados de aplicação específica, como ocorreu na rede da bitcoin, a ethereum escolheu um problema computacional de memória. Se o problema requer memória e CPU, o *hardware* ideal é de facto um computador geral (GPU).

Isso torna a PoW da ethereum resistente à ASIC, permitindo uma distribuição de segurança mais descentralizada do que na blockchain, cuja mineração é dominada por *hardware* especializado. O algoritmo de PoW utilizado é o *ethash*, que é bastante semelhante ao usado pela bitcoin (*hash*).

A mineração na ethereum consiste em acumular uma certa quantidade de transações, limitadas pelo valor de *gas* máximo que cada bloco pode ter, e aplicá-la, obtendo os próximos estados. A blockchain da ethereum possui a particularidade de guardar todo o «estado» atual em cada «bloco».

3.6.3. ETHEREUM 2.0

A ethereum 2.0 corresponde a uma reestruturação da maior plataforma de «contratos inteligentes» do mundo, a ethereum, ou seja, à próxima grande atualização desse protocolo que está a ser desenvolvida para melhorar o uso da rede, trazendo mais escalabilidade e facilidade ao seu desenvolvimento.

As diferenças entre a ethereum e a ethereum 2.0 são muitas, sendo de destacar a mudança do algoritmo de consenso, a remodelação da estrutura da rede e a modificação da política monetária.

A primeira, e maior, mudança será na forma como a ethereum valida os blocos na blockchain. Atualmente, os «blocos» da ethereum são mineradoras pela PoW, ou seja, é necessário um grande poder computacional para incluir «blocos» na rede. Com a atualização da ethereum 2.0, a situação mudará e os «blocos» serão validados por «Prova de Quantidade» (PoS — *Proof-of-Stake*), bastando que o utilizador tenha a quantidade de 32 ETH e habilidades técnicas para montar um servidor que ajude a rede.

No que respeita à remodelação da rede, em vez da ideia de ser um computador único descentralizado para o mundo, a ethereum terá uma estrutura de diversos «minicomputadores» integrados numa rede principal. A rede será separada em *shards*, um termo que descende da ciência de computação e significa partilha de um banco de dados por múltiplas máquinas; quando se trata da blockchain, em termos simples, o *sharding* significa fracionar a rede de uma criptomoeda em várias blockchain interligadas.

A política monetária da ethereum também mudará completamente. Nas primeiras fases da ethereum 2.0, ter-se-á duas redes separadas a gerar recompensas tanto para quem minerar via PoW, quanto para quem validar os «blocos» via PoS. Isso significa que se terá os mesmos dois ethers por «bloco» na mineração somados a uma quantidade variável de ether gerado na cadeia com PoS. Situação que se manterá até a ethereum comum se integrar na ethereum 2.0.

Esse processo de migração para a ethereum 2.0. iniciou-se em 2016. *Frontie, Homestead* e *Metropolis* foram as primeiras fases e atualizações do ETH, tendo-se entrado em 2020–2021 na fase decisiva *Serenity*. Por sua vez, a *Serenity* tem três estádios de evolução.

Figura 29: Remodelação da rede na ethereum 2.0

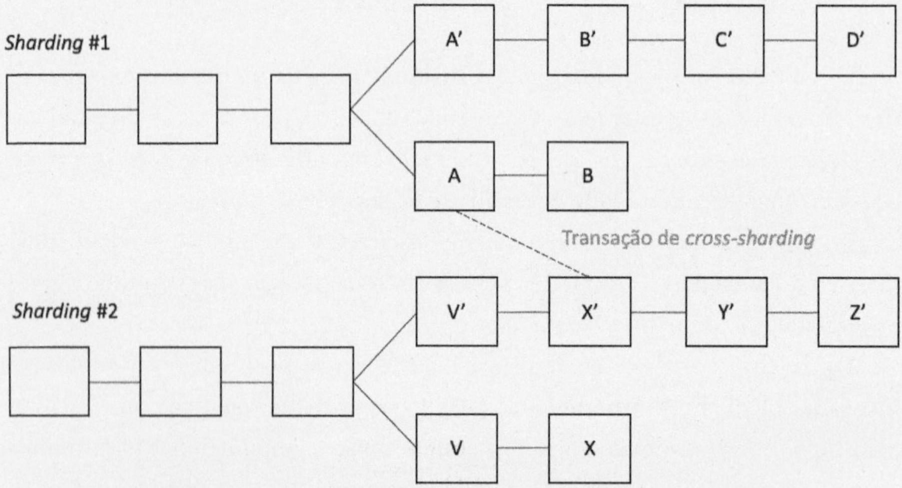

A fase zero da *Serenity* implementou a «Beacon Chain» (a blockchain da fase 0 da ETH 2.0) no passado dia 1 de dezembro de 2020. A ethereum 2.0 arrancou com 700 000 ethers e conseguiu mais de 20 000 validadores. Com este arranque foi possível transacionar o ether da cadeia antiga para a nova. Inicialmente, a ethereum 2.0 foi lançada sem a possibilidade de enviar transações, criar *smart contracts* ou até mesmo guardar dados dos utilizadores, sendo simplesmente uma cadeia de testes para validar e coordenar o funcionamento dos validadores. Nesta etapa, as transações continuaram a realizar-se normalmente na «ethereum 1.0».

Na fase um, onde se encontra a evolução à data da escrita deste livro, será a fase do esperado *sharding*. Desde que a «beacon chain» esteja a funcionar perfeitamente, teremos o lançamento da funcionalidade principal de escalabilidade, o *sharding*. Cada uma dessas blockchains será um *shard*, iniciando-se com 64, mas com a possibilidade de ampliação futura. A «beacon chain» servirá como uma ponte entre os *shards*. Nessa fase, os utilizadores só poderão transacionar ether sem «contratos inteligentes».

Na fase 1,5 ocorrerá a integração da «ethereum 1.0» na ethereum 2.0, pelo que a primeira passará a ser simplesmente um dos 64 *shards*. É na fase 1,5 que será declarado o fim da PoW. Já na fase dois desenrolar-se-á a entrada das DApps em todos os *shards*, o que significa que os *smart contracts* serão habilitados novamente, e novas linguagens de programação, além da atual Solidity, serão adicionadas ao desenvolvimento das DApps.

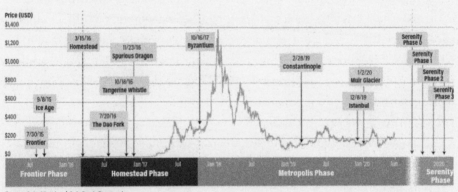

Figura 30: Fases de transição da ethereum para a ethereum 2.0

Fonte: Coin Metrics / CoinDesk Research

A fase três será a dos retoques finais. Esta é a fase menos definida da nova ethereum. De acordo com Vitalik Buterin, esse será o momento de se adicionarem novas funcionalidades, como mais *shards*, ZK-Starks (para melhorar a privacidade da rede) e outras tecnologias que ainda estão a ser criadas.

O desenvolvimento de todo este *roadmap* poderá durar cerca de cinco a dez anos a ser completamente concluído. Espera-se que cada fase dure entre seis e oito meses, contudo, o tempo de desenvolvimento da criptomoeda tem vindo a atrasar os prazos nos últimos anos.

Apesar dos avanços, é importante notar que muitos dos pontos da atualização ainda não foram decididos. Por exemplo, não se sabe como ocorrerá a transmissão entre *shards* e como ocorrerá a inclusão da «ethereum 1.0» na ethereum 2.0. Será uma jornada longa e arriscada, pois é a primeira vez que um projeto desta envergadura adotará uma mudança tão radical de estrutura no espaço das criptomoedas. O risco de algo correr mal é enorme.

3.7. APLICAÇÕES DESCENTRALIZADAS (DAPPS), DAO E DAC

A ethereum tem um potencial de desenvolvimento ilimitado, que vê as suas fronteiras serem expandidas praticamente a toda a hora. Um dos conceitos mais excitantes passa por um mundo com aplicações descentralizadas, as DApps.

Os exemplos de DApps são vastos e intermináveis: por exemplo, imagine ter o seu automóvel pessoal a ser rentabilizado, transportando passageiros, enquanto está a trabalhar sem o utilizar; ou o seu computador a utilizar alguma capacidade disponível para atender empresas e pessoas em todo o mundo; ou ainda ser pago por navegar na web e tomar posse das suas próprias informações. É este tipo de inovação que as aplicações descentralizadas prometem oferecer-nos num futuro próximo.

As DApps consistem em aplicações descentralizadas, onde todos os registos da operação da aplicação devem ser armazenados numa blockchain pública e descentralizada para evitar armadilhas de centralização. Idealmente, a Dapp deve ser autónoma, todas as mudanças devem ser decididas por consenso e a sua base de código de programação deve estar disponível para todos por forma a ser verificada e auditada.

Ou seja, tendo em consideração todas as características descritas atrás, a primeira Dapp foi efetivamente a própria bitcoin, uma vez que se trata de uma solução implementada em blockchain que surgiu a partir dos problemas existentes devido à força da centralização do sistema financeiro. Contudo, embora a bitcoin e a ethereum possam ser vagamente definidas como DApps e procurem resolver problemas do mundo real, a ethereum tem um plano muito maior no seu horizonte de desenvolvimento.

Através da sua própria linguagem de programação, chamada Solidity, a ethereum permite que os desenvolvedores criem «contratos inteligentes», utilizando a EVM, e que, com essas ferramentas disponíveis, concebam as DApps que possuem casos de uso na vida real, que vão desde a gestão de ativos até ao planeamento de recursos.

A partir da ethereum, as DApps são muito similares aos «contratos inteligentes», no entanto, existem dois pontos que os distinguem: as aplicações descentralizadas podem ter um número ilimitado de participantes e não precisam de ser, necessariamente, financeiras. Especificamente, a ethereum é adequada a aplicações que automatizam a interação direta entre pares ou facilitam a ação coordenada de um grupo numa rede. Por exemplo, aplicativos para coordenação de mercados *peer-to-peer* ou a automação de contratos financeiros complexos.

Por norma, as DApps dividem-se em duas classes. A primeira é uma aplicação descentralizada totalmente anónima — não importa quem são os «nós», cada participante é essencialmente anónimo e o sistema é composto por uma série de interações automáticas e instantâneas. Já a segunda é uma aplicação baseada na reputação — o sistema rastreia os «nós» e estes mantêm um *status* dentro da aplicação com o objetivo de garantir confiança.

A seguir indicam-se algumas das várias aplicações DApps que já existem baseadas na ethereum. O Golem é um projeto que visa criar o primeiro mercado global de poder computacional ocioso, cuja ideia é alugar a outras pessoas a capacidade de processamento dos computadores pessoais que esteja disponível. O Augur é uma aplicação que tem como finalidade combinar o conceito de mercados de previsão com o poder da rede descentralizada para criar uma ferramenta de previsão que possa alavancar potenciais ganhos comerciais. O Melonport é um protocolo em blockchain com o objetivo de atuar no mercado de gestão de ativos digitais, onde os participantes podem criar ou investir em estratégias de gestão de ativos digitais de forma aberta e competitiva. Finalmente, o Brave é um navegador na web com o propósito de tornar a navegação em páginas da Internet rápida e segura, protegendo o rastreamento por parte de terceiros; além disso, pode-se optar por apoiar os criadores de conteúdo, permitindo anúncios, para assim se recompensar monetariamente com o *token* BAT (*Basic Attention Token*).

Outra novidade que a blockchain 2.0 trouxe são as organizações descentralizadas autónomas (DAO) e as suas sucedâneas, as corporações descentralizadas autónomas (DAC), que, por meio da tecnologia da blockchain, possibilitam a realização de processos de organização utilizando «contratos inteligentes».

A DAO (*Decentralized Autonomous Organization*) é uma organização em que as normas são definidas no sistema blockchain, por meio de «contratos inteligentes», permitindo total transparência para todos os utilizadores. Assim sendo, não existe nenhum servidor central (nem mesmo uma entidade) que supervisione os processos, o controlo é feito pelos acionistas envolvidos no projeto. A DAO tem como principal objetivo financiar os projetos que sejam operados por esses «contratos inteligentes».

A DAO é também um processo completamente democrático, já que funciona pela quantidade de votos que cada participante possui e não por critérios duvidosos. Para o seu funcionamento, as votações são usadas para representar a quantidade de criptomoedas ether que foram investidas por cada membro, durante uma oferta que procura o financiamento coletivo de um determinado projeto.

Esta natureza descentralizada pode ser um problema para as DAO em termos de aceitação legal, porque uma empresa é reconhecida por meio de uma pessoa jurídica, conforme a legislação vigente em Portugal. Todavia, um dos principais pontos das novas organizações autónomas é justamente a descentralização, ou seja, não há um representante — pessoa jurídica — para responder pelas suas estruturas.

O que diferencia uma DAO de uma DAC (*Decentralized Autonomous Corporation*) é que esta última paga dividendos. Para uma DApp se transformar numa DAO mais formalmente é preciso que ela tenha capital interno — no sentido de possuir algum tipo interno de propriedade que possa ser usada como um mecanismo de remuneração de certas atividades — e uma constituição que delineie a sua governança publicamente na blockchain.

Em conclusão, uma DAO/DAC pode ser entendida como um modelo organizacional/empresarial que existe sem envolvimento humano e sob o controlo de um conjunto de regras corporativas. Ou seja, trata-se de uma entidade que vive na Internet e existe autonomamente, porém depende de contratar indivíduos para executar certas tarefas que a automação não pode fazer.

ÍNDICE REMISSIVO

Algoritmo, 65
API, 61, 113
ASIC, 53, 56, 63, 114–115

Banco de Portugal, 91
bancos, 22, 35, 38–39, 48, 49, 51, 54, 62, 64, 70, 83, 90, 92
bancos centrais, 11, 12, 15, 23, 31, 34, 37–38, 38–39
bitcoin, 11, 12, 13–16, 26, 27, 28–30, 34–35, 47–64, 65–67, 68, 87, 70, 71, 73, 76, 94, 107–109, 110, 111, 114, 118
blockchain, 11–12, 15–17, 49, 53, 65–120
bloco, 42, 47, 53–54, 62, 69–70, 72, 73, 74, 75, 76–78, 79–82, 85, 96, 111, 114–115, 116

cadeia de blocos, 26, 79, 104, 107
chave privada, 61, 70–71, 73, 113
chave pública, 28, 70–71, 73

criptografia, 14, 25–26, 27–29, 50, 67, 70, 82, 108
criptomoeda, 13, 26, 28, 34, 35, 36, 37, 39, 43, 44–45, 47–64, 66, 83, 108, 115, 117

DAC, 93, 94, 118–120
DAO, 93, 94, 118–120
DApps, 93, 94, 118–120
David Chaum, 27, 28
dinheiro, 12, 16, 19–21, 23, 27, 28, 29, 30, 31, 32, 33, 38–39, 47, 49, 50, 51, 60, 62, 65, 70, 73, 78, 83, 89, 93, 110, 112
DLT, 31, 32, 67
duplo gasto, 48, 49, 65–67, 78

EOA, 113
ether, 108, 112, 113, 114, 116–117, 120
ethereum, 12, 16, 26, 28, 93–95, 98, 107–109, 109–115, 115–118, 119

EVM, 109–111, 118
exchanges, 40, 41, 57

fail-stop, 87, 88
falha bizantina, 87
FinTech, 91–93
forks, 79–82

gas, 112, 114, 115
GHOST, 111

hackers, 84–85, 107
Hal Finney, 29
halving, 54–55
hash, 25, 28–29, 53, 69, 71, 74–76, 77, 78, 83, 115
header, 69

ICO, 43–45
IoT, 103–104, 111

Keynes, 20, 22, 23

ledger, 26, 41
livro-razão, 16, 32, 35–36, 37, 66, 67–69, 73, 82, 104, 107

mineiros, 40, 41, 42, 52, 53–55, 56–57, 67, 68, 74, 75, 76–79, 114
mineração, 26, 29, 40, 41–43, 52–54, 55, 56–57, 63, 115, 116
mining, 26, 41–43
moeda, 11–13, 14, 15, 19, 20, 21, 22, 23, 24, 25, 26, 27, 28–30, 33–37, 38–39, 47, 48, 50, 51–52, 54, 56, 59, 62, 65, 71, 90, 94, 95, 112
moeda virtual, 12, 28

Nick Szabo, 28, 96
nó, 53, 61, 78–79, 80–81, 83, 95, 104, 108, 109, 110, 111, 112

open sources, 41
oráculo, 99–100

P2P, 29–30, 53
peer-to-peer, 25, 29, 31, 32, 47, 51, 53, 58, 62, 110, 119
política monetária, 11, 12, 33, 34, 36, 38–39, 47, 62, 115–116
Portugal, 36, 44, 51, 56, 58, 89, 90–91, 92, 93
PoS, 87, 88, 115, 116
PoW, 29, 53, 76–79, 80, 81, 87, 114––115, 116, 117

rede, 12, 14, 16, 25–26, 28-30, 33–34, 35, 41, 50, 51, 55, 56, 57, 61–62, 65, 66, 67–68, 71, 72, 73, 74, 76, 78, 79, 80, 81, 82-84, 86, 98, 108, 110, 114, 115–116
RIPEMD-160, 76

satoshi, 54, 55
Satoshi Nakamoto, 13
SEPA, 91
Serenity, 116
SHA-256, 53, 76
shards, 115, 117–118
SICOI, 49, 90–93
sistemas monetários, 23, 25
smart contracts, 16, 93, 95–99, 100–107, 108, 109, 116, 117

TheDAO, 88, 107
token, 26, 41, 43, 45, 61, 66, 87, 119

transferências, 12, 16, 23, 26, 49, 50, 61, 66, 68, 70, 86, 89, 91

turing completo, 107, 109–110

Vitalik Buterin, 108, 117

wallet, 60–61

wallets, 41, 60

REFERÊNCIAS

Ammous, S. (2018). *The Bitcoin Standard: The Decentralized Alternative to Central Banking*. John Wiley & Sons.

Antonopoulos, A. (2017). *Mastering Bitcoin: Unlocking Digital Cryptocurrencies*. O'Reilly Media.

Arun, J. S., Cuomo, G. & Gaur, N. (2019). *Blockchain for Business*. Addison-Wesley Professional.

Banco Central Europeu (2021). Parecer do Banco Central Europeu de 19 de fevereiro de 2021 sobre uma proposta de regulamento relativo aos mercados de criptoativos e que altera a Diretiva (UE) 2019/1937 (BCE/2021/4).

Banco Central Europeu (2021). *Virtual currency schemes — a further analysis*. Publications Office of the European Union.

Banco de Compensações Internacionais (2018). Cryptocurrencies: looking beyond the hype. In Bank for International Settlements, *Annual Economic Report — June 2018* (pp. 91–114). BIS Annual Economic Report. Em: https://www.bis.org/publ/arpdf/ar2018e5.htm.

Banco de Portugal (2014, outubro 3). *Alerta aos consumidores para os riscos de utilização de moedas virtuais*. Em: https://clientebancario.bportugal.pt/pt-pt/noticias/alerta-aos-consumidores-para-os-riscos-de-utilizacao-de-%1Cmoedas-virtuais%1D.

Barontini, C. & Holden, H. (2019). Proceeding with caution — a survey on central bank digital currency. *BIS Papers*, (101), 1–20. Em: https://www.bis.org/publ/bppdf/bispap101.htm.

Baur, D., Dimpf, T. & Kuck, K. (2018). Bitcoin, gold and the US dollar — A replication and extension. *Finance Research Letters*, 25, 103–110.

Bech, M. & Garratt, R. (2017). Central bank cryptocurrencies. In Bank for International Settlements, *BIS Quarterly Review* (pp. 55–70). BIS Quarterly Review. Em: https://www.bis.org/publ/qtrpdf/r_qt1709f.htm.

Böhme, R., Christian, N., Edelman, B. & Moore, T. (2015). Bitcoin: Economics, Technology, and Governance. *The Journal of Economic Perspectives*, *29*(2), 213–238.

Brühl, V. (2017). Virtual Currencies, Distributed Ledgers and the Future of Financial Services. *Intereconomics*, *52*(6), 370–378.

Cochrane, J. H. (2018, abril 22). Basecoin. *The Grumpy Economist — John Cochrane's blog*. Em: https://johnhcochrane.blogspot.com/2018/04/basecoin.html.

Collard, B. (2017, agosto 25). *Money is the Real Social Contract*. Foundation for Economic Education. Em: https://fee.org/articles/money-is-the-real-social-contract/.

Comissão Europeia (2018). *The Digital Agenda of Virtual Currencies*. Publications Office of the European Union.

Comissão Europeia, Centro Comum de Investigação (2019). *Blockchain now and tomorrow: Assessing Multidimensional Impacts of Distributed Ledger Technologies*. Publications Office of the European Union.

Comissão Europeia, Centro Comum de Investigação (2019). *Blockchain4EU: Blockchain for Industrial Transformations*. Publications Office of the European Union.

Cong, L. & He, Z. (2019). Blockchain Disruption and Smart Contracts. *Review of Financial Studies*, *32*(5), 1754–1797.

Dwyer, G. P. (2015). The economics of Bitcoin and similar private digital currencies. *Journal of Financial Stability*, *17*, 81–91.

Gandal, N., Hamrick, J., Moore, T. & Oberman, T. (2018). Price manipulation in the Bitcoin ecosystem. *Journal of Monetary Economics*, *95*, 86–96.

Hayes, A. (2017). Cryptocurrency value formation: An empirical study leading to a cost of production model for valuing bitcoin. *Telematics and Informatics*, *34*(7), 1308–1321.

Judmayer, A., Stifter, N., Krombholz, K. & Weippl, E. (2017). Blocks and Chains: Introduction to Bitcoin, Cryptocurrencies, and Their Consensus Mechanisms. *Synthesis Lectures on Information Security, Privacy, and Trust*, *9*(1), 1–123.

Lewis, A. (2018). *The Basics of Bitcoins and Blockchains: An introduction to cryptocurrencies and the technology that powers them*. Mango Publishing Group.

Nakamoto, S. (2008). Bitcoin: A peer-to-peer electronic cash system. Em: https://Bitcoin.org/Bitcoin.pdf.

Quest, M. (2018). *Cryptocurrency master: Everything you need to know about cryptocurrency and Bitcoin trading, mining, investing, Ethereum, ICOs, and the Blockchain*. CreateSpace Independent Publishing Platform.

REFERÊNCIAS

Radziwill, N. (2018). Blockchain revolution: How the technology behind Bitcoin is changing money, business, and the world. *Quality Management Journal, 25*(1), 64–65.

Sarmah, S. (2018). Understanding Blockchain Technology. *Computer Science and Engineering, 8*(2), 23–29.

Shahzad, S., Bouri, E., Roubaud, D., Kristoufek, L. & Lucey, B. (2019). Is Bitcoin a better safe-haven investment than gold and commodities? *International Review of Financial Analysis, 63*, 322–330.

Tapscott, D. & Tapscott, A. (2018). *Blockchain revolution: How the technology behind Bitcoin and other cryptocurrencies is changing the World*. Portfolio.

Vigliotti, M. & Jones, H. (2020). *The executive guide to Blockchain: Using smart contracts and digital currencies in your business*. Palgrave Macmillan.